清代州县裁判文书研究

孟烨

知识产权出版社
全国百佳图书出版单位
—北京—

图书在版编目（CIP）数据

清代州县裁判文书研究 / 孟烨著 . —北京：知识产权出版社，2021.11
ISBN 978-7-5130-7749-1

Ⅰ. ①清… Ⅱ. ①孟… Ⅲ. ①地方政府—审判—法律—文书—研究—中国—清代 Ⅳ. ①D929.49

中国版本图书馆 CIP 数据核字（2021）第 198153 号

责任编辑：庞从容　　　　　　　责任校对：谷　洋
封面设计：智兴工作室　　　　　责任印制：孙婷婷

清代州县裁判文书研究

孟　烨　著

出版发行：知识产权出版社 有限责任公司	网　　址：http：//www.ipph.cn
社　　址：北京市海淀区气象路 50 号院	邮　　编：100081
责编电话：010-82000860 转 8726	责编邮箱：pangcongrong@163.com
发行电话：010-82000860 转 8101/8102	发行传真：010-82000893/82005070/82000270
印　　刷：北京建宏印刷有限公司	经　　销：各大网上书店、新华书店及相关专业书店
开　　本：880mm×1230mm　1/32	印　　张：4.75
版　　次：2021 年 11 月第 1 版	印　　次：2021 年 11 月第 1 次印刷
字　　数：128 千字	定　　价：58.00 元
ISBN 978-7-5130-7749-1	

出版权专有　侵权必究
如有印装质量问题，本社负责调换。

序　言

近些年来，利用裁判文书研究历史法制状况已成为法制史研究的一个重要领域。存世诉讼档案数量最为丰富的清代，更是受到域内外诸多研究者的关注。清代裁判相关的研究亦取得了丰硕成果。通过档案中的裁判文书，清代裁判实态逐步得到解明。但在众多研究中，裁判文书往往被作为研究素材，而鲜少被作为研究对象，裁判文书本身所具有的研究价值并未被充分挖掘。[1]

裁判文书中全面又不失细节地呈现了整个裁判的过程，可以说是对裁判活动最为直接的记录和最为直观的反映。通过裁判文书不仅可以复原当时裁判的实际样态，还可以透过其观察到裁判背后的法律与社会秩序，并且在历史视角下，亦可以从裁判文书的变化中把握明清之际司法历时性变迁。

本书主要以清代州县裁判中出现的裁判文书为对象，从两个层面对裁判文书展开研究。从横向上，对裁判文书的

---

[1] 以清代裁判文书为对象的研究数量十分有限，其中具有代表性研究主要包括：滋贺秀三先生的《淡新档案の初步的知識——訴訟案件に現われる文書の類型》（載滋贺秀三：《続·清代中国の法と裁判》，創文社2009年版）一文是其在整理淡新档案过程中，对清代中后期裁判文书所初步的介绍和归纳。该文可以说是目前对于清代裁判文书最初的也是最为全面的研究。周绍泉先生的《明清诉讼案卷与明代地方裁判梗概》（第七届明史国际学术讨论会，1999年）以及阿风先生的《明清徽州诉讼文书研究》（上海古籍出版社2016年版）则主要以私人收藏的徽州地区裁判文书为研究对象。

形态进行全面且具体的解析，并结合官箴书等史料探究文书的功能，进而揭示文书所反映出的裁判实态。从纵向上，以比较的视角梳理各类型文书在明清之际经历的变化，探析文书变化背后州县裁判所发生的变化及其历史原因。

本书主要分为以下五个部分：在第一章对作为基础环节的清代裁判和案件类型作简单梳理后，将按照裁判展开的时间顺序，分别对起诉阶段、法庭审理阶段和判决阶段的主要裁判文书类型予以解析。第二章中在对起诉阶段呈词的类型全面归纳和梳理的基础上，对副状文书加以深入探析。副状是于清代才出现的起诉文书，并且其形态和功能在清代时期曾发生明显的变化。其变化与幕友佐治之风在清代的兴起密切相关。第三章注目于法庭审理阶段的文书。用于召唤当事人的召唤令状与召唤复命书，是出现在召唤程序中的主要文书。而名单不仅是确认当事人到庭与否的文书，同时也是法庭记录的载体。地方官对案件的基本判断经常以堂谕的形式出现在其中。清代的口供记录则采用录供的方式，将所有到庭者的供述都记录其中，并且采用较为口语化的表达方式。第四章重点关注于清代登场的遵依结状文书。遵依结状在清代州县裁判中不仅是当事人承诺遵守裁判结果的誓约书，而且还兼具判决书的功能。在该部分中将从遵依结状的取得过程、文书形态、文书性质与功能，以及其在民事裁判中的地位等角度全面地解构遵依结状。第五章以判决书为研究对象。判决书作为裁判的终局性文书，既展现了事实认定的过程，又揭示了裁判结果，可以说整个裁判过程被微缩于其中，是解明裁判实态的绝佳素材。在该部分中将贯穿明清时期，对州县裁判曾适用过的招由、审单、遵依结状三种形式的判决书逐一进行解析，并揭示判决书趋于简化直至消失的变化过程。文书变化的背后是裁判本身的变化。判决书的简化正是明清时期民事裁判趋于简化的反映。而民事裁判的渐趋简化，则可从国家治理态度变化、职官制度变革、州县自理裁判范围变化和判决文书复制制度变化等角度予以解释。在该部分中对这些因素予以详细解析。

从横纵两个视角全面地解读清代裁判文书，透过文书观察清代州县裁判实态和秩序，并在历史视野下，从文书的变化过程中探寻州县裁判的历时性变化，进一步丰富对清代州县裁判的理解，以及为观察明清时期州县裁判的变化提供新的视角，是本书写作的初衷。

目　录

第一章　案件与裁判的基本类型

一、户婚田土案件与命盗重案……………………〇〇一
二、案件的分类标准………………………………〇〇三

第二章　起诉文书

一、主要的呈词类型………………………………〇〇七
　（一）告状与诉状…………………………………〇〇七
　（二）投词…………………………………………〇〇八
　（三）呈与禀………………………………………〇一二
二、副状……………………………………………〇一六
　（一）副状的基本情况……………………………〇一六
　（二）副状形态与功能的变化……………………〇一八
　（三）副状的最终归处……………………………〇二七
　（四）副状与幕友佐治的兴盛……………………〇三一
三、起诉文书的书式与作成要求…………………〇三九

第三章　法庭审理记录

一、召唤程序中的文书 …………………………… 〇四九
　（一）召唤程序 ………………………………… 〇四九
　（二）召唤令状与复命书 ……………………… 〇五三
　（三）到单 ……………………………………… 〇五七
二、法庭审理记录 ………………………………… 〇六〇
　（一）供述记录 ………………………………… 〇六一
　（二）堂谕 ……………………………………… 〇七五

第四章　遵依结状

一、关于遵依结状 ………………………………… 〇八六
二、遵依结状的登场时间 ………………………… 〇八九
三、遵依结状的取得方式 ………………………… 〇九四
　（一）当堂取得与退堂后取得 ………………… 〇九四
　（二）作为非必要文书的遵依结状 …………… 〇九七
四、遵依结状的功能 ……………………………… 一〇五
　（一）兼具判决书功能的遵依结状 …………… 一〇五
　（二）遵依结状在民事裁判中的地位 ………… 一〇七

第五章　判决书的变化
　　　——从招由到遵依结状

一、明清时期判决书的形态 ……………………… 一一六
　（一）招由 ……………………………………… 一一六
　（二）审单 ……………………………………… 一二一
　（三）遵依结状 ………………………………… 一二四

二、判决书与民事裁判的变化 ……………………… 一二六
三、明清时期民事裁判变化的原因 ………………… 一二九
　　（一）国家治理态度的变化 …………………… 一二九
　　（二）官制的变革 ……………………………… 一三三
　　（三）民事裁判制度的变化 …………………… 一三六
　　（四）"抄招给帖"制度的变化 ……………… 一三八

第一章 案件与裁判的基本类型

清代的诉讼案件一般分为户婚田土案件与命盗重案两类。两类案件在管辖范围、裁判程序以及处罚方式等方面皆存在差异。若与今天的案件类型进行对比，暂且只能说户婚田土案件的民事性较强，近似于民事案件。而命盗重案则是刑事性较强，近似于刑事案件。但实际上将民事案件与刑事案件的分类方式直接适用于清代，并不能完全体现清代诉讼案件的全部特征。

一、户婚田土案件与命盗重案

所谓户婚田土案件，是继承、婚姻、不动产买卖、借贷等民事性较强案件的总称。但值得注意的是，这样的案件类型划分，并非基于这类案件是以私权保护为主题的观点，而是从这类案件的结果仅是处以轻微的刑罚以及其社会影响不大的观点出发。[1]从对比角度而言，户婚田土案件是与人命案件和盗案等重案相对的细事。

户婚田土案件由居于行政层级末端的州县衙门裁决，因此也被称为州县自理案件，其性质与今天的民事案件类似。裁判程序都在州县衙门完成，州县衙门具有判决该类案件的权力。在民事裁判中，除了解决案件本身的争议，

---

〔1〕［日］滋贺秀三：《清代中国の法と裁判》，创文社1984年版，第5页。

如若是土地纠纷案件,则需要明确土地的界线和权属等,还可能伴随着轻微的刑事处罚。对于户婚田土案件的处刑多限于笞、杖与枷号。[1] 之所以从处罚的角度而言,是因为处刑较重的案件不属于州县民事的范围,客观上,仅州县官一人无法执行徒刑和流刑这样的刑罚。[2]

所谓命盗重案,则是指人命案件、窃盗和强盗案件等案情较重,或者说刑事性较强的案件。命盗重案与户婚田土案件相比,在裁判程序与处罚方式上具有明显区别。虽然命盗重案的初审仍在州县衙门进行,但州县衙门对该类案件并无判决权。初审结束后,州县衙门必须逐级上报,由上级机关进行复审,以至有判决权的机关对其裁决,因此命盗重案又被称为必要的复审案件或者上申案件,或者逐级复审案件。

命盗重案的处刑在徒刑以上,所谓的"重"也可以从处罚程度来理解。州县衙门经过初审后,认为案件应处徒刑以上的刑罚时,应将所认定的事实以及所适用的法律作成原案,即"拟"或"定拟"制成书面材料,连同犯人一起送至作为上级机关的府。府在审查书面材料的同时对犯人展开讯问,如果认为原拟无误,则将犯人连同书面材料一起送至按察司。经按察司审理,若其认为原拟妥当,则将案件上申至督抚。而至督抚的案件中,若为非命案的应

---

[1] 滋贺先生认为,笞、杖和枷号这些措施,在形式上是刑罚,因为它们是法律中所规定的对应于构成要件的法律效果。但从另外一方面来看,这些措施并非法的适用,而仅是作为完成公务过程中必要的强制手段。在这些措施的使用上,官宪具有相当程度的自由。同上注,第7页。

[2] 参见[日]寺田浩明:《民事与解审之间》,载[日]夫马进编:《中国诉讼社会史研究》,范愉、赵晶等译,浙江大学出版社2019年版,第439页。

处徒刑的案件，都可由督抚裁决。换言之，一般的徒刑案件由督抚一级裁决，这类案件也被称为督抚批结案件。

对于人命侵害案件，以及其他应处流刑、充军刑以及发遣刑的案件，督抚也仅止拟罪而无权裁决，这些案件需要被咨达刑部。若刑部通过"咨"的形式对督抚的拟罪表示同意，则案件就此完结，该类案件也称为咨结案件。[1]

应处死刑的案件，督抚拟罪后通常需以具题的形式将案件送至刑部。刑部认为拟罪妥当的情况下，则会同都察院和大理寺进行核议。若三法司之间不存在异议，则向皇帝上奏，最终由皇帝裁决是否处死刑。这类案件也被称为题结案件。[2]

综上，从刑罚程度的角度而言，必要的复审案件可以分为批结案件、咨结案件和题结案件三个等级。而从裁决权的角度而言，督抚、刑部和皇帝可以说是三级复审机关，即一般的徒刑案件由督抚裁决，涉及人命的徒刑案件以及流刑、充军刑、发遣刑案件由刑部裁决，死刑案件由皇帝裁决。

二、案件的分类标准

如前所述，清代的户婚田土案件因其民事性较强，所

---

[1] 关于清代命盗重案的复审程序，参见[日]滋贺秀三：《清代中国の法と裁判》，创文社1984年版，第23—28页。
[2] 关于不应处死刑的人命案件，是属于咨达刑部的案件，还是属于向皇帝具题的案件，学界中存在不同的认识。滋贺先生认为应属于前者，即若不涉死刑则无须具题。而郑秦先生则认为应属于后者，在人命案件中，即使有的人犯罪止杖、徒，督抚也无权直接处理，而应全案具题。参见郑秦：《清代法律制度研究》，中国政法大学出版社2000年版，第94页。

以被认为与今天的民事案件近似。但实际上，此类案件与民事案件仍存在一定的差异。户婚田土案件并非完全不具备刑事性，如斗殴这样的轻微刑事案件也常被划分在该类型中。同时，户婚田土案件所涉及的处罚措施中，也包括笞、杖和枷号这样较轻的刑罚。由此可见，户婚田土案件并非完全符合现在法学概念中民事案件的特征。与之相应，命盗重案也只能说是近似于今天的刑事案件。因为在命盗重案中同样不乏民事的因素。因此民事和刑事的二分法，并不足以反映出清代案件以及裁判的实际情况。而滋贺秀三先生认为，案件是民事的还是刑事的，仅是程度上的差异而已。[1]户婚田土案件的特征是民事性较强而刑事性较弱，命盗重案则表现为刑事性较强而民事性较弱。

但是若仅从民事性或刑事性的强与弱上进行区分，恐怕很难形成比较客观的标准。若以裁判程序和刑罚程度为标准，则相对比较容易区分案件的类型。一般情况下，需要经过复审程序，或处徒刑以上的案件，可以看作具有实质意义的刑事案件，也就是刑事性较强的案件，除此之外则属于民事微罪案件。[2]

若进一步细致划分，实际还存在另外一种类型的案件，即在民事与解审之间的案件。寺田浩明先生指出，清代的部分命案实际上并未经过复审程序，而是在州县审理中完结。也就是说，这些案件虽为命案，却是通过民事裁判程序裁决。其可被称为民事与解审之间的案件。在考察了清

---

[1] 参见［日］滋贺秀三：《清代中国の法と裁判》，创文社1984年版，第6页。
[2] 同上注，第7—8页。

代两种重要的诉讼档案《淡新档案》和《巴县档案》后，寺田先生发现在《淡新档案》中，命盗重案的解审文献竟然无一宗被完整保存下来（包括从案件的报告到验尸、通详、拟罪，再到正式解送）。[1]并且绝大多数的暴力案件，实际上也并未经过复审程序，而是以适当的体罚或金钱和解了事。这也就意味着，在《淡新档案》中几乎无法获得裁判制度理论中命盗重案及必要复审制的线索。[2]而《巴县档案》中虽然出现了数量相对较多的解审案件文书，但从发现案件到解审完整文书都涵括在内的案件数量仍十分有限。[3]

寺田先生进一步考察了《巴县档案》中同治朝的命案，他认为这些命案可被分为金钱和解型命案与刑罚型命案两类。前者是指实际上并未经过复审程序，而是在州县层级通过金钱赔偿得以解决的命案。由州县官所处理的命案，大部分属于该类型。后者则是指州县官员拟罪，经由复审程序最终由上级机关裁决的命案。据此而言，当时对于加害者的惩罚既可以通过金钱赔偿来实现，也可以通过处以

---

[1] 在这一过程中通常所涉及的文书包括，发现命案时来自亲邻的报告，以及申请验尸的"报状"；州县长官所开立的验尸命令书；验尸记录；传唤相关人的"票"；验尸现场的讯问笔录；死者家属提交的领尸状；结状，以上为与验尸现场有关的文书。之后在法庭审理中出现的文书则包括复讯名单、录供、结状。最后则是根据以上文书所作成的解审文书，其中最为主要的是详文与申文。参见［日］寺田浩明：《民事与解审之间》，载［日］夫马进编：《中国诉讼社会史研究》，范愉、赵晶等译，浙江大学出版社2019年版，第406—408页。
[2] 同上注，第404—405页。
[3] 寺田先生考察了同治朝共736件命案，其中解审案件为70件，约占全体案件的一成左右。而其中文书较为完备的案件不足10件。同上注，第405页。

刑罚来实现,而两者之间并不存在难以逾越的鸿沟。[1]

综上而言,部分案件虽然属于命案,但经过州县阶段的审理,也可能出现以民事方式裁决,并不必然触发复审程序的启动。该类案件往往以金钱赔偿而非刑罚作为处罚措施。部分案件,则须经过必要的复审程序,以刑罚为处罚措施。所以,清代的命案可能在州县层级裁决,也可能经由上级的复审,所以不能简单地认为命案皆属于复审案件。

通过以上讨论,我们对清代的基本案件类型及其所对应的裁判类型已有所认识。下面将以民事裁判为主要研究对象,研读民事裁判中出现的各种裁判文书,从文书视角认识民事裁判。

---

[1] 参见[日]寺田浩明:《民事与解审之间》,载[日]夫马进编:《中国诉讼社会史研究》,范愉、赵晶等译,浙江大学出版社2019年版,第431—437页。

第二章　起诉文书

清代的裁判一般以申冤者或被害人的诉讼为开始。虽然如"喊禀"这样的口头提诉方式并非不存在，但以书面形式向地方官陈情却是当时最为普遍的起诉方式，文书主义是清代起诉制度的核心。下面将从文书的类型与形态两个方面来了解清代的起诉文书与起诉程序。

一、主要的呈词类型

在起诉阶段由当事人一方向州县衙门提交的文书，即所谓的呈词，包括多种文书类型。呈词的类型与提交者的身份、诉讼所处的阶段以及呈告的内容等因素有关。下面将逐一对当事人的呈词进行解读。

（一）告状与诉状

起诉文书中最为常见的就是告状和诉状两种文书类型。一般情况下，原告通过告状向州县衙门起诉，被告则提交诉状作为应对。《大清律例》中有"凡词状止许一告一诉，告实犯实证。不许波及无辜，及陆续投词牵连原状内无名之人……"这样的规定。[1]实际上以诉讼者的身份区分词

---

[1] 该规定为康熙年间定例。（清）薛允升：《读例存疑》（卷三十九·诉讼之十五），"诬告"下第四条例。本书所使用的清代律例的原文皆来自《读例存疑》（光绪三十一年京师刊本，五十四卷）的电子资源，见 http://www.terada.law.kyoto-u.ac.jp/dlcy/index.htm。

状名称的做法在明代既有之。[1]但告状对应于原告、诉状对应于被告的特征，仅在起诉阶段较为确定，因为随着诉讼的进行，起诉的原告也可能成为被告控告的对象。所以在诉讼过程中，被告以告状呈告，原告以诉状回应的情况并非鲜见。因此，应该注意到，在起诉阶段以外，仅以文书的类型来判断原被告身份的做法并不准确。

除告状以外，根据案件类型的不同或提告人身份的不同，起诉阶段也出现过其他文书形式。如在人命案件或盗窃案件中，受害人一方或者地方上的乡约等人通常会向衙门提交"报状"。又如因当事人身份特殊，如妇女、老幼以及残疾者等，在不被允许直接赴诉的情况下，由代理人以"抱状"向官府提诉。

起诉文书究竟属于何种类型的呈词，往往在文书中就可以找到答案。如在起诉文书的开头部分，常出现"某某具某状"或者"某某呈某状"的说明，可以据此判断文书的具体种类。此外，根据文书结尾署名处的"具某状人某某"等表示，也可以了解到文书的类型。

（二）投词

告状又有"原词"之称，但在部分案件的诉讼档案中，除原词以外，起诉文书还包括一种被称为"投词"的文书。虽然就内容而言，投词以陈诉案情和诉讼请求为内容，仍可被视为起诉文书的一种。但实际上就程序而言，投词是

---

[1] 但这种区分并不严格。部分案件中无论原告还是被告提交的词状都统称为告状，同时也有使用其他名称，如"供状"的情况。总体来说，明代的情况与清代并不存在本质的差异。

案件被受理后才由当事人提交的文书。至于为何在告状之外又出现投词这样一种文书，黄六鸿在《福惠全书》中有如下解释：

> 夫格状之外，又有投词者。因格状限字，故须投词详叙始末耳。不谓狡诈之徒，欲陷害怨家，恐细事不准，务张大其词，以耸上听。及其准后，始将所告本情说出，止一二语撺入前告之事，不粘不脱。其中又复生波，牵连多人。使上官见其投词，不得罪以前状全虚，据其后此，本属微末，然前状业为骗准。是朝廷牧民之官，竟为奸棍害民之具。有司执法之地，又为此辈侮法之场矣。凡狱讼，止贵初情。若投词之中，又添一事，又牵一人，则前告分明是诳。除投词不究外，仍将前状审理。如虚反坐，严行重治，则后此诳告自除，而投词亦不至节外生枝矣。[1]

据此可知，投词并非必要的诉讼文书，但若出现投词，则其中陈述的却是较告状更真实的案情。当事人在告状中夸大事实，甚至编造谎言，也就是所谓小事化大，其目的是赢得诉讼被受理的机会。《大清律例》中对官员受理诉讼有明确的要求，其中规定：

> 凡告谋反叛逆，官司不即受理掩捕者，杖一百、徒三年。以致聚众作乱，或攻陷城池，及劫掠民人者，斩。若告恶逆，不受理者，杖一百。告

---

〔1〕（清）黄六鸿：《福惠全书》（卷之十一·刑名部），"批阅"。见官箴书集成编纂委员会编：《官箴书集成》（第三册），黄山书社1997年版，第329页。

杀人及强盗，不受理者，杖八十。斗殴、婚姻、田宅等事，不受理者，各减犯人罪二等。并罪止杖八十。受财者，计赃以枉法从重论。[1]

地方官在民事案件与命盗重案的受理责任上差异很大。对于当事人一方而言，若告状中称案件涉及人身伤害等严重情节，或者将一般民事案件伪装成命盗重案，则被受理的可能性将更大。

在告状获准之后，当事人则通过投词来陈述相对真实的案情。换言之，相较于告状，投词所记载的内容更接近真实情况。先以告状博取诉讼的受理，再以投词陈述实情，这是当事人所使用的诉讼技巧。就官府的立场而言，为了尽可能地了解到案件的实情，其不得不接受当事人一方使用这样的诉讼技巧。同时，官府也要求投词中不能再增添诉讼，也不能增加牵告对象，否则则以告状为准。因为当时受理要件之一就是不能牵告多事和多人，所以当事人出于提高受理可能性的考虑，非在告状中而是在投词中呈告更多的事和人。因此黄六鸿提醒地方官，应注意到投词中的牵告问题，避免牧民之官被奸棍所利用，而成为害民的工具。无论是针对告状还是投词，地方官都应该做到析辨出初情，并排除诳谎之情。

诉讼被受理后再以投词陈述真情的做法，在明代就已经存在。明代官箴《治谱》中就有如下记载：

初告极大，后来投到极小，固有刁民收放之弊……惟有投到之小事，乃其真情节也。故审刑者

---

[1]《大清律例》（刑律之十五·诉讼之一），"告状不受理"。

视其原词中有一二字,与投到无异,此等情节最真。祗据投词查审,余俱不必照管。岂惟民事不必照管,即上司词状虚谎,亦不必照管。[1]

其中分别以"极大"与"极小"来形容告状与投词。告状的"极大"体现在夸大案件的事实,如将对方行为说成恶不可赦,自己因此受到天大的冤屈等,甚至不乏"虚"与"谎"的情节。相较之下,投词才是剥除了虚谎的真情。其中特别强调,地方官应该将注意力放在投词上,甚至可以完全不必理会告状,以免受其影响而导致真情难辨。

运用告状和投词向官府诉讼,这样的诉讼技巧在明清时应该普遍存在,正如李渔所言,"旧例原词之外,别进一纸,名曰投状。巧饰一二附会之语,依傍原词,其余别叙所争情事。谳者始知前词尽属虚文,此状镵归正传。"[2] 其中称分别以告状和投词陈告的方式为旧例,在告状中尽是虚词,目的是诉讼获得受理,而投词中再归正传,即陈述真实的案情。

根据以上的官箴记载可知,投词在明清诉讼中亦是常见的一种文书形式,其在本质上仍是当事人用来呈告案情的词状。一般是在案件被受理后、法庭审理开始时,当事人当庭提交投词,所以投词也有投到词之称。就诉讼档案的情况来看,当堂投递的词状,并非皆以投词相称,有时仍称为告状和诉状。虽然名称不同,但其内容和功能却与

---

[1] (明)佘自强:《治谱》(卷四)词讼门,"告状投到状之殊"。见杨一凡主编:《历代珍稀司法文献》(第二册),社会科学文献出版社2012年版,第554页。佘自强为明万历年间进士,曾任督察院右副都御史、山西巡抚等职。

[2] (清)徐栋:《牧令书》,"论一切词讼"(李渔)。见《官箴书集成》(第七册),黄山书社1997年版,第376—377页。

投词并无二致，仍是补充和修正之前所提交告状的内容。这类当堂投递的文书在外观上比较容易分辨，文书上往往印有"堂递"二字。[1] 无论是具有投词之名的文书，还是并无投词之称却具有投词性质的文书，皆具有补充与修正告状的功能。正如上述官箴所言，地方官往往对这类文书更加关注。

（三）呈与禀

呈与禀是清代诉讼中常见的文书类型。被称为"状"或"词"的文书，都有呈与禀两种形式。[2] 呈与禀的主要差异表现在提交者身份上。当事人为一般百姓时，其所提交的文书一般被称为呈。而当事人具有一定的身份时，其所提交的文书一般被称为禀。如具有绅衿身份的当事人所提交的告状或诉状，常被称为禀。此外，如乡约、庄正等地方事务管理者，或者同族长辈等当事人周围的人，出于公益的申告一般也称为禀。但实际上，这种身份的界限也并非绝对存在，或者说当时并没有十分严格地遵守该界限，如具有生员身份者所提交的告状，称呈或称禀的情况在诉讼档案中都曾出现过。[3]

滋贺先生通过对《淡新档案》的考察，总结出呈与

---

[1] 这里应注意的是，并非所有印有"堂递"二字的词状皆属于投词。因为在部分案件中，当事人在开庭审理之前因为种种原因并没有提交任何形式的词状，而是当堂才提交词状。这种情况下，词状上也可能出现"堂递"二字，但从文书属性上与补充或修正告状内容的投词有着本质的不同。

[2] ［日］滋贺秀三：《淡新档案の初步的知識——訴訟案件に現われる文書の類型》，载［日］滋贺秀三：《続・清代中国の法と裁判》，创文社2009年版，第28页。

[3] 同上注，第34页。

禀的差异不仅体现在提交者身份上，还体现在载体上。呈，一般使用固定格式的状式纸。这种状式纸，一般由官府预先印制好格式，其中包括用以限制字数的格眼，也包括待填入具体内容的固定栏目，如"具呈人　住　保　庄　属离城　里"等。就清代诉讼档案来看，可以说绝大部分的起诉文书都采用了这种形式，或者说具有规范格式的状式纸为绝大部分起诉文书的载体。相较之下，禀的载体则未受到特别的约束，禀可以写在普通的白纸上，甚至偶尔也会出现书写在红纸上的禀。[1]

虽然两类文书载体普遍存在差异，即呈以状式纸呈现，禀以白纸呈现，但与之前所讨论的身份差异的情况类似，载体上的界限也并非绝对存在。在诉讼档案中，以白纸呈现的呈，或者以状式纸呈现的禀绝非鲜见。官箴中也提到了这种现象，如清初官箴《未信编》中对书写在白纸上的呈作了如下解释：

> 凡百姓有利弊不能上通则呈。呈者陈白其事，非尽□未不可，不当限以字之多寡。百姓有冤抑欲求上伸则告。告者只许言其紧要，恐字多则易入情无之词，故宜定以字格。[2]

其中区分了呈与告。百姓条陈利弊适用呈的形式，而上申冤抑则以告的形式。在百姓陈情的情况下，不应该限

---

[1] [日]滋贺秀三:《淡新档案の初步的知识——訴訟案件に現われる文書の類型》，载［日］滋贺秀三:《統・清代中国の法と裁判》，创文社2009年版，第34页。

[2]（清）潘杓燦:《未信编》（第三卷），刑名上，"准状"。见《官箴书集成》（第三册），黄山书社1997年版，第73页。

制文书的字数，否则将导致无法完整地陈明利弊。而在百姓申诉冤抑之情的情况下，则应该限制文书的字数。必须在限定字格的状式纸中申诉冤情的要求，其目的是防止申诉者将与案情无关的内容写入文书中。因为这不仅可能导致牵连无关人或事，还可能影响官员的研判。虽然所提交的文书属于呈，但只要是以条陈利弊为文书内容，仍可以使用白纸。据此而言，使用白纸还是状式纸作为文书的载体，实际上还与文书的内容与诉求有关。

在康熙年间曾任浙闽总督的刘兆麒在《总制浙闽文檄》中亦提到了以白纸为载体的呈，其中说明了白纸呈的用途：

> 所投之词如系条陈利弊申诉冤枉者，许用白纸呈词……其余凡系告列犯证姓名者俱用状纸填写。若呈词无副词，或告人而用白头呈纸者，及告词无副词或状内双行夹写字逾格眼者，虽系实情不准理。[1]

其中提到只有在条陈利弊和申诉冤枉时，才被允许以白纸呈词。若告人则不允许使用白纸呈词，否则将不予准理。通过比较不难发现，其观点与前述《未信编》并不一致。虽然两种史料中都肯定了白纸呈词，但对于白纸呈词使用条件的认识却存在分歧，甚至可以说是完全相悖。《未信编》中认为申诉冤情不能使用白纸，以防止过多地写入与案情无关的内容。而《总制浙闽文檄》则认为申冤可以使用白纸呈词，虽然其中并未直接言明理由，但对申冤不

---

[1]（清）刘兆麒：《总制浙闽文檄》（卷六），"再布告期条约"。见《官箴书集成》（第二册），黄山书社1997年版，第608页。

作字数限制的目的可能在于使得申冤者可以尽诉冤情。

综上可见，呈词包括白纸呈词与状式纸呈词两种形态。从官箴中特别提及在某些条件允许白纸呈词的情况来看，以状式纸为载体应该是呈词的普遍形态。至于在何种情形下使用白纸呈词，在当时并不存在统一的规则，可能在很大程度上决定于地方官个人的判断。若地方官认为有必要全面了解所呈内容，或者其希望了解更多内容时，则允许使用不涉字数限制的白纸。如两则史料中都指出条陈利弊时允许使用白纸呈词，换言之因为地方官希望从呈词者处了解到民间社会的情况，所以允许使用白纸呈词。反之，若所呈之词为地方官希望抑制的内容，则采取仅允许提交状式纸呈词的方式限制字数。

此外，还可以从经济视角来理解呈词的形态。由官府印刷并发行的状式纸并非免费，当事人需要支付一定费用才能获得用于书写呈词的状式纸。如在《居官格言》中就曾提到，"词状纸价，有例八分入官，而二分公用。"[1] 由其中称状式纸的费用为纸价可知，当事人需为获得状式纸而支付相应的对价。从这个角度而言，地方官准许使用何种呈词形态时，可能还会考虑到当事人的经济负担问题。在当事人无经济能力负担状式纸的情况下，地方官可能会考量允许其使用白纸呈词。

---

[1]（明）不著撰人：《居官格言》，"词状"。见《官箴书集成》（第二册），黄山书社1997年版，第79页。

二、副状

副状是经常被忽视的一种起诉文书，副状的形态、功能以及在裁判中的作用都未得到充分认识。从副状中不仅可以观察清代裁判的运行情况和特质，而且因为副状是与幕友密切相关的一种文书，从中还可以观察幕友参与以及影响地方裁判的情况。值得特别注意的是，副状的形态与功能在清代发生了历史性变化，透过该变化亦可观察幕友地位的变化以及幕友佐治的发展过程。下面将对副状进行详细的解读。

（一）副状的基本情况

虽然目前可见最早的副状文书实物来自清代，但实际上副状可能在明代后期的裁判中就已经被使用，提交副状可能在当时就已经被视为受理要件之一。[1]但关于明代副状的形态与功能，由于目前尚未发现当时的副状实物，官箴等史料中亦鲜少出现相关记载，所以难以进一步说明。至于清代的副状，大量诉讼档案的发现为研究提供了便利。作为裁判文书的一种，副状出现在部分案件的档案中，但从整体上看，副状数量比较

---

[1] 推断在明代后期开始使用副状或类似文书基于以下两点考虑。从实际文书层面来说，虽然目前存世的明代裁判文书中并未发现副状，但在明万历年间一份文书的"注意事项"中提到"无小状及票内未添现年里长、总甲者，不准"，其中所谓"小状"有可能就是指副状形式的文书。文书原文见阿风：《明清徽州诉讼文书研究》，上海古籍出版社2016年版，第56页。此外，在清初官箴如《福惠全书》与《未信编》等书中详细地记载了副状的形态与功能等，虽然该类官箴成书于清代前期，但其中所记载的裁判文书相关内容，通过与明代后期的文书实物对照，可以说基本上反映了明代后期的情况。所以，据此两点可以推断，副状文书可能在明代后期已经出现。

有限，特别是相较于具有相似性质的告状与诉状，副状的数量远少于二者，这可能也是副状鲜少受到关注的原因之一。

此外，副状经常在状纸"注意事项"部分中被提及。当事人必须提交副状，常作为起诉要件被列示在注意事项中。无论是原告提交的告状还是被告提交的诉状，都分别应由两份文书组成，即正状与副状，否则诉讼将不被受理，即所谓的"无副状不准"。当事人也经常在正状的结尾附上"内具副状一纸"一句，以提示应同时提交副状。从实际文书情况来看，明确副状受理要件的要求大体上始于雍正年间。在一份雍正十年的禀状中，其结尾处的注意事项出现了"不遵状式不用副状及代书戳记者不准"的表述。这是现今可见较早的明确将副状视为可受理要件的史料。[1]此外，在官箴记载中还可以看到投词亦必须同时提交正状与副状的要求。[2]

虽然副状被视为诉讼的受理要件之一，但无论是在《巴县档案》《淡新档案》《南部县档案》《黄岩诉讼档案》这样的官方档案中，还是在《徽州裁判文书》这样的私藏文书中，副状的数量都比较有限，正状与副状同时存在的情况并不多见。[3]相较存在于绝大部分案卷中的正状而言，副状只能说是零星存在。至于为何档案中仅有少量的副状，

---

[1] 王钰欣、周绍泉主编:《徽州千年契约文书（清·民国编）》（卷一），花山文艺出版社1993年版，第255页。本书由中国社会科学院历史研究所收藏整理。更早的注意事项中往往仅提到"不遵状式者不准"或者"不合式者不准"等，但并未直接言明未提交副状是否属于"不遵式"的范围。

[2] 如在前引康熙年史料《总制浙闽文檄》（卷五），"再布告期条约"中记载："所投之词，如系条陈利弊申诉冤枉者，许用白纸呈词，仍每词照书副呈一张，以备存案。"见《官箴书集成》（第二册），黄山书社1997年版，第608页。

[3] 以黄岩诉讼文书为例，其中收录了70余件告状，但只有一份告状同时具有正状和副状。

存在以下两种可能性。其一是因为在实际裁判中"无副状不准"的要求并未得到严格执行，或者说提交副状作为起诉要件的约束力比较有限；其二则是因为副状并未要求存卷，也就是说副状并非档案中的必要文书。关于副状最终归于何处，将在后文具体讨论。

清代档案中的副状，内容上与正状基本不存在差异，甚至很多情况下两者一字不差，完全一致。区分两种词状主要从形式上着眼。部分副状上有明显的标识，如在文书抬头处印有"副状"二字。此外，还可以通过文书中具呈人的基本信息来辨认，如从"副状人某某"等表述中可判断出该文书的副状属性。[1]除了档案，许多官箴中亦论及副状，但官箴中所描述的副状与档案中的副状在某些部分并非完全一致。

（二）副状形态与功能的变化

通过诉讼档案中出现的副状文书实物，可以直观地了解到副状的内容和具体形态。同时，官箴等史料中又具体解说了副状的使用方式以及在裁判中的功能等内容。综合两种材料，可以对副状形成更为全面的认识。下面将分别基于官箴视角和诉讼档案视角，全方位地解构副状形态与功能在清代所发生的变化。

1. 官箴的视角

对于作为受理要件之一的副状在裁判过程中具有何种

---

[1] 此外，吴佩林先生主要基于对《淡新档案》和《南部档案》的考察，得到副状的规格小于正状的结论。见吴佩林：《清代县域民事纠纷与法律秩序考察》，中华书局2013年版，第206页。

功用，裁判文书本身以及制定法中都未提供答案。要进一步了解副状的形态和功能，汇集了实际司法经验的官箴书是不可或缺的史料。较早论及副状的官箴来自清代前期，具有代表性的是黄六鸿所著的《福惠全书》，其中不仅列示副状的形态，而且详细地论及了副状的功能，具体内容如下：

> 副状式
> 告状人某告为某事
> 被告某住　处　离城　里　住　处　离城　里
> 　　干证某住　离
> 　　两邻
> 　　地方住　离城
> 年　　月　　日告状人某
> 　　抱告
> 　　代书

其正状之外又须夹一副状。夫用副状者何。凡原告状准发房，被告必由房抄状……被告抄状入手，乃请刀笔讼师，又照原词，多方破调骋应敌之虚情，压先攻之劲。势两腴当前，殊难黑白。今设副状，幅方一尺并刊印板，止填注语及被证姓名住址，而其词不载焉。准状之后，止发副状落房，出票拘审，该房无所庸其勒索，被告无所据为剖制，则彼此所云机锋各别，其真情自不觉跃然于纸上矣。[1]

---

〔1〕（清）黄六鸿：《福惠全书》（卷之十一·刑名部），"立状式"。见《官箴书集成》（第三册），黄山书社1997年版，第327—328页。

从引述内容可以看出，原告起诉时必须同时提交正状和副状两份文书，这与前述"注意事项"中的要求相一致。而关于副状的具体内容，根据"副状式"可知，其中仅包括案件名称、被告及干证等人的住址这样的基本信息，且特别强调案情和陈告的具体内容不能出现在副状中。同时，其中认为官府应准备专供写副状用的状式纸，该状式纸预先印好以上几项内容，当事人只需逐一填入即可。从上述描述中不难知晓，与正状相比，副状的形式和内容都更为简单。

这段话还明确指出，设立副状的目的是防止书吏舞弊行为。根据州县裁判的一般程序，案件被受理后，词状将被交给承发房。承发房负责制作差票，之后差役再凭票赴地方传唤被告、证人等人。在黄六鸿看来，在这样的程序中书吏将不可避免地接触到文书以及了解到词状内容，他们可能趁此机会图利。书吏不仅可以将告状的内容告诉被告，使被告因此获得预先准备应对之策的机会，从而导致地方官在法庭上难辨真情，而且反过来，也可以借机向原告勒索。为了防止书吏的舞弊与渔利行为，必须切断其了解词状内容的途径，但同时还不能影响到裁判进程，基于此，才要求原告提交一份只有简单信息而没有具体案情的副状。受理后只将副状交给书吏，使其按照副状制作差票等文书，如此则可以避免上述弊端的发生。

若要理解黄六鸿的担忧，必须首先认识到当时的裁判并不存在今天民事诉讼中的送达程序。当事人将户婚田土斗殴等民间词讼诉讼至官府的行为通常被称为"告"，即当事人向地方官"告发"对手的恶行，控诉自己所蒙受的冤情，恳请地方官惩治对方并为自己申冤，而若放任对方就是"无法无天"。如此的民事诉讼性质决定了当时无所谓向对方送达告状，实际上也的确不存在这样的程序。[1]所以在当时，于被告而言，他们是无法通过如今天法院依职权送达这样的程序来获知原告所控告的内容。在被差役传讯之前，他们只能通过在衙门前照壁上公布的告示了解到自己被原告起诉以及诉讼已被衙门受理的结果，但对原告所告的具体内容则无从知晓。换言之，通过官方渠道被告无法得知原告所具告状的内容。因此，第一时间了解控告内容以便及时筹划应对之策对被告来说十分重要，而有机会接触文书的书吏则有能力满足他们的需求。

为了尽量避免被告与书吏之间的授受，黄六鸿想到了设立仅载有基本信息而不载案情的"极简版"词状，也就是副状的办法。设立一简一繁两份词状，既可以防止书吏接触原词以造成告状内容泄露而使被告做针对性准备，进而导致在审判中难以辨明情伪的局面，同时又能保证填写票稿、公布受理信息等程序的正常推进。这就是清初时期对副状功能的认识，以及裁判程序中使用副状的方法。

不同于《福惠全书》，清代中期以后以《平平言》为代表的官箴中描述了另外一种类型的副状，其中记载：

> 呈词有正状有副状，刑幕拟批写在副状之尾，墨笔誊批写在正状之尾。收词后先送刑幕拟批，拟批后再送本官核定，核定后再送墨笔誊写，誊写后再令经承填写状榜，此通例也。[2]

---

[1] 参见［日］寺田浩明：《中国法制史》，东京大学出版会2018年版，第171页。
[2]（清）方大湜：《平平言》（卷二），"呈词批语榜示宜速"。方大湜（1821—1886）为咸丰年间人士。《官箴书集成》（第七册），黄山书社1997年版，第641页。

这段文字主要描述了从受理案件到拟批再到填状榜的一般程序，即所谓当时的"通例"。其中提到案件被受理后，副状应先被送至幕友处，由幕友在副状上拟批，即拟定初步的处理意见。然后再将副状呈送地方官，由地方官对幕友所拟之批进行增删修改。再由书吏将确认或修改后的批誊写入正状。最后则是填写状榜，即对外公布信息。《平平言》中提到的副状功能可以被概括为"供幕友拟批所用"。虽然其中并未直接言明副状的形态，但从副状的功能不难判断，该副状不会是不载案情而仅保留基本信息的"极简版"副状，而应属于前述档案中的副状形态，即与正状具有相同内容的副状。为了方便对比，暂将该形态的副状称为"完整版"副状。

以《福惠全书》和《平平言》为代表的官箴，揭示了两种不同形态以及具有不同功能的副状文书。《福惠全书》中的副状属于"极简版"副状，设立该副状的目的是防止书吏泄露词状内容。而《平平言》中的副状则属于"完整版"副状，该副状的主要功能是供幕友作批之用。在官箴视角下呈现出两种不同的副状，是否意味着在清代并存两种副状？以及副状是否如官箴所言实现了其目的？欲回答这些问题，必须通过诉讼档案对副状制度的运行实态予以考察。

2. 诉讼档案所见副状制度实态

现存清代诉讼档案多为清代中后期的档案，因此通过档案所了解的，更确切地说应该是清代中后期的副状制度的运行状态，而清代前期副状的运行实态在目前条件下尚难通过诉讼档案予以解明。[1]下面将主要以《淡新档案》为参照，观察副状制度在裁判中的实态。[2]

首先通过一件光绪三年（1877年）的案件来认识档案中的副状。该案基本案情如下：同治二年蔡家五房分家后，另抽出店房作为公共祀业，约定收租为五房均分，公契由长房蔡国炎保管。蔡国炎病故后，公契一直由二房蔡曾氏收存。光绪三年七月初三，原告蔡曾氏控告四房蔡国卿，称蔡国卿为利用公契借钱而逼迫自己交出公契，并且殴伤前来劝说的堂叔蔡文生。七月初五，被告蔡国卿提交诉状称，长房蔡国炎之子蔡祖栋擅自将公契交给蔡曾氏收执。当年春天，蔡曾氏趁自己回乡修缮祖坟之机，连同蔡文生等凭公契四处借钱。自己屡次劝阻，被蔡曾氏等怀恨在心。初二夜，自己被骗至蔡曾氏家，并被蔡文生和蔡祖栋等殴打，导致重伤昏倒。而蔡文生是自己滑倒受伤，与他人无关。

该案诉讼过程以及所涉及的主要文书如下：七月初三，原告蔡曾氏提交告状（由其侄蔡丁抱告），告状包括正状与副状两件文书。[3]在提交告状的当天，即七月初三，地方

---

[1] 存世的清代诉讼档案，无论是《巴县档案》、《淡新档案》还是《黄岩诉讼档案》，其中保存的绝对大部分都是清代中后期以后的裁判文书。《南部县档案》（四川省南充市档案馆编：《清代四川南部县衙门档案》，黄山书社2015年版）中虽然包括了清代前期几朝的裁判文书，但在其中也并未发现副状文书的实物。所以，就笔者所见范围，目前尚未发现清代前期的副状，也就是"极简版"副状文书的实物。
[2] 《淡新档案》所收录的档案不仅时间跨度较大，而且数量丰富，并且整理状况也较好。《淡新档案》的数据库收录了档案的彩色照片，为研究档案的细节提供了便利。本文所利用的《淡新档案》资源来自中国台湾大学《淡新档案》数据库，见http://dtrap.lib.ntu.edu.tw/DTRAP/index.htm。
[3] 正状为22703-1号文书；副状为22703-2号文书。

官就对蔡曾氏、蔡文生与蔡祖栋三人展开了讯问并形成口供记录文书。[1]在供述记录之后,还记载蔡文生伤情:"据仵作林缘喝报:验明蔡文生伤痕左肋拳伤一处,红肿。左乳拳伤一处,红肿",以及堂谕:"伤经验明,候饬差查明拘问。此谕。"被告蔡国卿于七月初五提交诉状,[2]并在七月初六接受了验伤和讯问。[3]最终裁断结果以批的形式出现在蔡国卿的诉状上,[4]大体意思是判定蔡曾氏并无利用公契借银的行为,而蔡国卿属于无赖生事。亦有蔡文生殴伤蔡国卿之情。虽然双方都应受到责处,但情可掩法,所以对双方都不予追究。无须再进行讯问,就此结束诉讼。以上内容虽然以批的形式出现,但实质上等同于堂谕。[5]

在该案件中,原告蔡曾氏所提交的告状中包括一张正

---

[1] 口供及堂谕为22703-4号文书。
[2] 诉状为22703-6号文书。
[3] 验伤名单为22703-7号文书,其中有堂谕"提验蔡国卿并无伤痕,显系藉抵霸租之事,着饬差查明究竟,有无霸租,再以核办。此谕"。蔡国卿的口供为22703-8号文书。其中除口供以外,还记录了蔡国卿的伤情,即"据仵作林缘喝报:蔡国卿伤痕 左右肮肘指甲抓伤各壹处,微红"。
[4] 批全文如下,"蔡曾氏果将公契借银,则业系蔡国备等五房公共,何以蔡国备等不向较论,转报尔图卖公业,联名合呈,有是理乎。提验又无伤痕,明系无赖生事,各房既属信,详将公契交与蔡曾氏收存,历年既久,其无他虞,可知应著曾氏照旧收存。不察尔等独违众议,以遂阴私。至尔堂供本年内渡,修理祖坟,计银十九元,果尔既属祖坟,又必为各房公共,自应向各房摊还,何以向曾氏所讨。其为支饰,又属可知,亦毋庸议。前验蔡文生将属受伤,但亦不重究属,彼此互闻修坟,依律,二比均应责处。惟混争之间,情可掩法,姑宽亦免深究,贰好将来修无别滋轇轕,毋庸集讯,其各遵照完结。此实本府特念讼终则凶,为二比息事安生起见,而恐悍于对簿,务各仰体婆心,息事好好,毋稍误会缠讼,有干严究不贷。凛之。慎之。"
[5] 因为该批为墨笔,所以推断在该案中地方官可能仅是在口头上宣示了裁断结果,而并未亲自书写堂谕,出现在诉状中的内容是幕友或书吏对口头堂谕的整理和记录。

状与一张副状，两张文书的内容基本一致，但形式却略有不同。首先，正状与副状所使用的状式纸略有不同，正状使用了格眼纸，而副状用纸仅有行。其次，正状的抬头处事先印好了"呈状人　年　岁住"字样，而副状的抬头处事先印好的是"具副状　现住"字样，由此可以清晰地分辨出正状与副状。正状与副状上的批内容也是完全一致，皆为"已讯有堂谕矣"。如前所述，原告蔡曾氏等在提交告状的当日即七月初三就接受了讯问，再结合批的内容，不难推知，该批并非是在收到告状后立即完成，而是在讯问结束后才完成。副状上"七月初四日批"的判日也证明了这一点。虽然批的内容相同，但笔迹却并不相同，正状与副状的批应该是由不同人书写。此外，在副状的批后押有一枚私印，正状的批后则没有任何押印。

通过以上内容可以推断，首先应是由幕友在副状上做批，随后地方官并未对该批提出异议，最后副状上的批又被一字不差地誊写入正状。另外，根据笔迹的不同以及押印情况的不同可以判断出，作批与誊写批者并非同一人。类似的情况也出现在《淡新档案》中的其他案件中。[1]综合档案中副状的情况来看，可以认为其基本上与《平平言》的记载相符合，即档案中的副状在形态上属于"完整版"的副状，在裁判过程中起到供幕友拟批所用的作用。

通过诉讼档案了解到的副状运行实态，与《平平言》中的描述基本一致，但却与《福惠全书》中的描述大相径

---

[1] 如33705号案件中，原告方培英所提交的告状中包括正状（33705-2号）与副状（33705-7号）各一份，两份词状中批的内容相同，即"已讯有堂谕矣"，而笔迹则完全不同。

庭。对此应作何解释，史料的存在时间为解惑提供了线索。《福惠全书》成书于康熙年间，《平平言》则为咸丰年的书籍，而如前所述，诉讼档案绝大部分属于清代中后期。据此时间线索，可以梳理出副状文书在清代所经历的变化。具体而言，根据清代中后期官箴记载与档案所反映情况的一致性，可以明确清代中后期的副状为"完整版"副状，[1] 并以供幕友作批为设立副状的目的。而根据清代前期官箴中对副状的一致性描述，基本上可以确定清代前期的副状应属于"极简版"副状，并以防止书吏泄露词状内容为设立目的。[2] 虽然不乏上述差异，但两时期的副状也具有共同属性，即副状都是作为一种衙门内部流转文书而存在。在清代前期副状主要流转在地方官与书吏之间，而清代中期以后的副状主要流转于地方官与幕友之间。同时，两种形态的副状都具有底稿的属性，都并非正式的存卷文书。

综上所述，副状的变化与幕友关系密切，甚至在某种程度上可以说副状的形态与功能因幕友而发生了变化。正是由于幕友广泛地参与到裁判中，才有必要准备一种方便

---

[1] 滋贺秀三先生通过对《淡新档案》的考察，认为至少在嘉庆年以后，副状就已经皆是"完整版"副状。参见［日］滋贺秀三：《续·清代中国の法と裁判》，创文社2009年版，第33页。

[2] 同为康熙年的史料中，如下描述副状，"设代书立状式皆受词之大要也。余至香山设正副状式，正状止填所告注语及原被干证姓名加批发示，副状载原词存衙候审日批阅，两造不得见原词，则所控诉多相矛盾而情伪易见。"见（清）徐栋：《牧令书》（卷十八·刑名中），"受词"（王植）。王植为康熙辛丑年进士。见《官箴书集成》（第七册），黄山书社1997年版，第396页。虽然从词状形态上看，该史料中所描述正状与副状，与前述《福惠全书》中言及的情况完全相反。但无论称谓如何，从本质上说两则史料中都肯定了适用一繁一简两种词状的必要性。

其拟批所用的文书。反过来说，副状形态与功能的变化也反映出幕友参与裁判程度以及影响裁判程度在清代逐渐呈现加深之势。

（三）副状的最终归处

副状是一种流转于衙门内部，方便地方官与书吏或者幕友沟通的文书，但副状最终并不被收入案卷，或者说副状并非必要的存卷文书。[1] 无论是基于官箴还是诉讼档案都可以得到这一结论。如《福惠全书》中所列示存卷文书中就不包括副状。[2] 就档案的情况而言，如前所述，档案中副状的数量比较有限，甚至只能说是零星地存在。既然副状并非必要的存卷文书，那么应如何解释出现在档案中的副状以及大部分副状又去向了何处？探究副状的归处，不仅有助于了解副状制度，而且为认识副状与幕友的关系提供了新的视角。

作为少数关注到副状归处的研究者，滋贺秀三先生通过对《淡新档案》的考察，得出了副状并不是存卷文书的一部分，而是最终由当事人收存的结论。滋贺先生以为，因为副状上具有表示官府意见的"批"，所以当事人将之收

---

[1] 讨论副状归于何处的问题必须注意一个前提，就是假设当事人的确都按照"注意事项"的规定提交了副状，同时地方官的确严守了"无副状不准"的规则。但从实际文书的情况来看，无论当事人一方还是地方官一方，都没有严格地遵守该规则。

[2] （清）黄六鸿：《福惠全书》（卷之十一·刑名部），"释卷案"中记载："凡序问断案卷始于原词，次行拘票案，次诉词票案，次投词，俱先依次序粘连成卷，上用卷面待审，审过取毕口供，序招，加看语，定议，举照，或应原纸，或应清写，俱照式中细注。粘接成卷，用印存案。"见《官箴书集成》（第三册），黄山书社1997年版，第358页。

存可以为做日后证明所用。而那些被留存在档案中的副状，是因为上面通常没有批或是批不具有实质性，所以对当事人来说，即便取回也没有实际意义，因此这些副状就被遗留在档案之中。[1]

滋贺先生又进一步指出，多数被留存在档案中的副状是因为其属于"堂递"的情况。堂递，简单地说有当堂递交的意思，是指在提交词状当天即展开审理，而非在收到词状后的二三日后再开庭。换言之，诉讼于同一天被受理和审理。[2]因为受理后立即进行审理，所以对词状进行批示或不必要，或即便有批，也不具有实际意义。其原因在于对案件的实质性处理意见，已经在当天通过法庭审理得出，并且以堂谕的形式呈现。如在前一部分所列举的《淡新档案》第22703号案件中，原告蔡曾氏在光绪三年七月初三提交告状当天即受到讯问，就应该属于堂递的情况。而通过词状上的批，"已讯有堂谕矣"亦可知，实质性结论已经通过堂谕体现。同时可知该批应该是在法庭审理结束后被补入词状中，因而也并不具备实际意义。[3]

而对于出现在档案中的副状，滋贺先生则如下解释，虽然就应然状态而言，没有批或批的内容并不具有实际意

---

[1] 参见[日]滋贺秀三：《続·清代中国の法と裁判》，创文社2009年版，第33页。
[2] 同上注，第34页。
[3] 又如前文所提到的《淡新档案》中第33705号案件也属于类似的情况。该案件原告的正状与副状上的批为"已讯有堂谕矣"，并且在正状上已经明确地标注"堂递"二字。再如第22302号案件中，当事人黄君祥所提交的告状包括正状（22302-34号文书）与副状（22302-36号文书）各一份，正状上同样标注"堂递"二字，而副状中则没有批。

义的副状应该在整理档案时被丢弃，但可能由于整理者忘记丢弃所以导致部分副状被留在了档案中。[1] 滋贺先生的上述结论，有以下值得商榷之处。

首先，从副状的功能来看，副状最终被交由当事人收存的可能性有限。滋贺先生主要依据《淡新档案》得出该结论，如前所述，《淡新档案》中的副状在形态上属于"完整版"副状，功能主要体现在供幕友拟批所用，并且地方官可能会对副状上的批做必要的修改。所以并不难想象，将这样一份流转在地方官与幕友之间的内部文书交给当事人收存的可能性应该十分有限。[2] 此外，滋贺先生所做结论的前提是地方官充分信任幕友，对幕友的拟批都完全认可而未做任何改动（所以当事人才愿意接受副状，并将其批词作为地方官而非幕友本人的案件处理意见之证明），但实际上这种情况出现的概率有限。所以，从这个角度也可以解释大部分副状被当事人收存的可能性很低。

其次，以副状为证明的现实意义有限。滋贺先生曾多次阐述过清代民事判决缺乏确定力，即缺乏既判力的问题。因为并不存在"一事不再理"的原则，当事人可以在任何时候重提诉讼，因此收存副状作为凭证的意义将十分有限。即便州县衙门已经做出判决，并将判决结果以批的形式呈现在副状中，胜诉方收存副状作为胜诉的证明，但因为民事判决缺乏确定性，对方当事人可以随时重新提诉或者直

---

[1] 参见［日］滋贺秀三:《続・清代中国の法と裁判》，创文社2009年版，第34页。
[2] 清代前期仅有基本信息而不载案情的"极简版"副状，则更不具备交给当事人作为判决书收存的可能，当事人收存该形态的副状没有任何实际意义。

接向上级衙门申诉,[1]所以,收存副状作为证明性文书的意义十分有限。

至于既不存在于诉讼档案中,也不为当事人收存的副状,最终归于何处,清末官箴《州县初仕小补》中认为副状最终应归地方官所有:

> 所收呈词副状乃官幕亲批,应为备案之件,令签押汇齐,或按月或按季砌钉成本,送内存留,以备查阅,于交卸时各自带回。[2]

从上述材料可知,副状作为备案文书,在审理结束后应将其定期整理成册,妥善保管。副状被单独整理成册保存而未被纳入案卷中,成了另行保存的文书。而清代诉讼档案的保存方式是将每件文书逐次粘接在一起构成案卷。此外,整理装订好的副状仅是被暂存在州县的内衙,地方官卸任时将其带走,所以可以认为副状最终为地方官个人收存。[3]

无论是在任时暂存于内衙还是卸任时由其带走,从收存方式上看,副状在一定程度上表现出地方官私人物品的

---

[1] 通过清代诉讼档案可知,即便已经提交了遵依结状,再次诉讼的案件也并不少见。

[2] (清)褚英:《州县初仕小补》,"呈词副状"。见《官箴书集成》(第八册),黄山书社1997年版,第743页。

[3] 材料中提到的"送内留存"中的"内"应该是内衙。换言之,副状被收存在属于地方官及其家人私人活动空间的内衙,而并非在地方政府办公之处的外衙。由此亦可见,副状并非档案的一部分。因为档案应是被收存在属于外衙中的某一房中。清末史料《广西调查诉讼习惯报告书》中就曾指明,"凡呈遵递状词具正副二本,正本发房存档,副本则留内备查,此为通常惯例。"参见石孟涵辑:《广西调查诉讼习惯报告书》,广西官书局排印,宣统二年。转引自吴佩林:《清代县域民事纠纷与法律秩序考察》,中华书局2013年版,第206—207页。

属性。实际上，副状的这一属性亦通过其功能有所体现。副状是一种衙门内部的流转文书，特别是清代中期以后，供幕友拟批所用的副状主要流转于地方官与幕友之间。而幕友并非地方政府的正式属员，仅是地方官聘请的私人助手，副状上拟批是幕友的工作成果，而私人助手的工作成果归根结底仍归于地方官个人，体现出"私人物品"的属性。反过来看，为地方官私人所有的副状，无论是暂存于内衙还是卸任后由其带走都是顺理成章。至于遗留在档案中的少量副状，可能是因为整理时的疏失而被遗忘在档案中。[1]

综上，副状的收存方式为认识副状文书的性质提供了新视角。副状并非官方档案的一部分，而是始终为地方官所收存，反映出副状具有地方官私人物品的属性。溯其根源，恰因为副状中体现的是地方官私人助手幕友的"工作成果"，所以才使得副状具有"私人物品"的性质，可以说幕友与州县裁判的联系亦从副状的收存方式中有所体现。

（四）副状与幕友佐治的兴盛

明清时期，幕友佐治经历了从兴起到盛行的过程。地方官聘请幕友为私人顾问，协助其处理各种政务，是地

---

[1] 关于出现在档案中数量有限的副状，推断是因为遗忘而被遗留在档案中。滋贺先生认为大部分的副状是由当事人收存，部分没有被当事人收存的副状是由于其中没有批或批并不具有实质内容。而在后者的情形下，副状应该被丢弃，因为忘记丢弃导致少部分的副状留在了档案中。但通过前述讨论可知，副状并非由当事人收存而是最终归于地方官，所以副状本应该装订成册由地方官收存。但同样可能因为在整理中的疏忽，导致少量的副状未被装订成册，因此被遗留在档案中。

政治的常态。部分地方官甚至将延请幕友当作为官第一要务，[1]由此可见幕友对地方衙门与地方官的重要性。幕友佐治的重要表现之一正是参与州县裁判，所以幕友佐治的发展与州县裁判的历史变迁密切相关。

兴起于明代后期的幕友佐治，[2]与当时州县裁判成为纠纷解决主要的途径有关。明代中期以前，民间纠纷主要

---

[1]（清）褚瑛：《州县初仕小补》，"幕友相助"。见《官箴书集成》（第八册），黄山书社1997年版，第736页。

[2] 先行研究中普遍认为幕友佐治兴起于明代。如缪全吉先生认为，幕友佐治可能源起于明代外派京官出任地方督抚时"随带京吏"的习惯。在明代幕友初兴时，幕友多来自长期任京官城六部的胥吏。这些胥吏自明代即以原籍绍兴者居多，他们熟悉包括司法实务在内的各种政务，并且时常由父子师弟间的同乡相承，接续在京六部中的职位。日后应聘赴外协助地方任事，更成为代代相承、同乡相继的幕友养成团体。所以督抚"随带京吏"开启了"内吏外幕"的先河，此即后来幕友的雏形（参见缪全吉：《清代幕府人事制度》，中国人事行政月刊社1971年版，第7—11页，转引自邱澎生：《当法律遇上经济——明清中国的商业法律》，浙江大学出版社2017年版，第161页）。又如瞿同祖先生认为，明代开始地方官不聘请幕友襄助属相当罕见（参见瞿同祖：《清代地方政府》，法律出版社2003年版，第157页，注释8）。中岛乐章先生则通过研究具有代表性的地域——绍兴府幕友的活动，得出大体上在万历年以后，该地幕友活动已经正式化，基本与此后清代的情况无异的结论（中岛乐章：《明末清初の绍兴の幕友》，载明代史论丛编纂委员会编：《山根幸夫教授退休記念明代史論叢》（下），汲古书院1990年版，第1063页）。陈宝良先生认为，明代幕宾（即幕友）制度尚处于初创时期，尚未形成如清代那样的幕学体系。幕宾在政治体制中的作用与影响也不如清代，幕宾的职责也并非如清代那样明朗，幕宾更多的是"帮闲"，而并非"帮忙"，具有临时性的特点（参见陈宝良：《明代幕宾制度初探》，载《中国史研究》2001年第2期）。郭建先生则关注到在明末世情小说，如《醒世姻缘传》中已经刻画了幕友的形象（参见郭建：《入幕之宾："不在其位，不谋其政"》，载《文史天地》2019年第5期）。高浣月先生则通过考察明清时期笔记，指出在部分明末的笔记中已经出现幕友的相关记载（参见高浣月：《清代刑名幕友研究》，中国政法大学出版社2000年版，第2—5页）。

通过乡治体系得到解决。[1]但从明代后期开始，由地方官主导的州县裁判成为纠纷解决的主要途径。城镇化是导致纠纷解决场域出现变化的主要因素之一。人口从乡村向城镇的流动，导致原本较为封闭的乡村社会格局被打破，乡治组织的作用也因此受到限制。通过州县衙门保持对地方社会的影响与管控，弥补乡治所遗留的治理空白，成为国家的选择。[2]从实际裁判的情况来看，明代后期州县衙门裁判量明显增多，并且国家对州县裁判的要求也呈不断提高之势。[3]审判量大幅增加的同时要求和审查也愈加严格，在此背景下，对地方官来说，寻找有能力而又可靠的助手就成为必然的选择。

导致幕友佐治之风兴起的另一主要原因是地方官裁判能力的退化。在唐宋时期的科举考试中，设有以律例为专业的"明法"一科，而且通过考试的士子在任官之前还要

---

[1] 以里老裁判（于洪武三十一年《教民榜文》中被确立）为代表的乡治是明代中期以前纠纷解决的主要途径。从裁判文书的记载来看，明代前期几乎所有的民间纠纷都是通过里老裁判得到解决（参见[日]中岛乐章：《明代乡村纠纷与秩序——以徽州文书为中心》，高飞、郭万平译，江苏人民出版社2012年版，第103—104页中的表格1—9，其中属于明代前期的9件案件都是由里老裁判而未经州县衙门）。进入明代中期以后，虽然民间词讼直接诉至州县衙门成为普遍现象，但实际上地方官受理词讼之后通常交给里老，纠纷的实际解决者仍多为里老。属于明代中期的17件案件中，13件在里老的调处下得到解决，由地方官亲自裁判的只有1件。同上书，第103、104、111页。

[2] 以里甲功能的弱化甚至崩坏为代表，明代后期乡治组织在地方秩序的维持上逐渐丧失作用，进而导致诉讼至州县衙门的案件急剧增多。参见[日]夫马进：《讼师秘本〈萧曹遗笔〉的出现》，载杨一凡、[日]寺田浩明主编：《日本学者中国法制史论著选》（明清卷），中华书局2016年版，第402—403页。

[3] 明代后期开始，裁判文书数量明显增多，其反映出由州县衙门所处理的纠纷数量增多。除数量增加以外，裁判文书的完备程度和标准也都高于之前。以判决书为例，民事案件的判决书在文书标准上已经达到上申案件审理报告的水平。

接受撰写判词的考试。然而在明代和清代早期,虽然乡试中仍要写判词,但已经流于形式。撰写判词的考试在1757年也最终被废除。[1]科举考试科目的调整导致了科举出身的地方官在经验和实际技能上的缺陷被放大,若无专业人士相助,地方官则实难胜任专业性颇高的司法事务。此外,从纵向上进行比较,可以看到明清时期地方官参与裁判的程度较以往有所加深。明清时代的地方官几乎需要亲身参与裁判各环节中,从受理案件到勘验现场再到审讯口供和判决,地方官都要亲自到场。但在秦汉到唐宋时期,地方长官一般只做最后的宣判,其他程序都可由属官处理。[2]所以,有限的能力与繁重的任务使得地方官不得不延聘幕友这样的专业助手来协助处理裁判。

此外,货币经济的发展、人口的增长乃至科举政策的调整等亦是幕风兴起的重要因素。16世纪中叶开始,大量白银的流入促进了货币经济的发展,相较于之前的实物津贴与铜钱,白银的携带与流通都更加方便,因此地方官向幕友支付薪俸也更加容易,客观上为延聘幕友提供了便利。与此相关的是,地方官经济能力有所提高。虽然地方官的俸禄十分有限,但在一条鞭法实施后,特别是明末开始,官员来自陋规的主要收入被默许,可支配收入的增加意味着地方官在经济上具有了雇用幕友的可能。

从人口角度来看,除去明末战乱的特殊时期,明代人口从洪武到万历二十八年(1600年)前后几乎是直线

---

[1] 参见瞿同祖:《清代地方政府》,法律出版社2003年版,第155页注释3。
[2] 参见郭建:《入幕之宾:"不在其位,不谋其政"》,载《文史天地》2019年第5期,第10页。

增长，从6500多万增长至1.5亿左右，人口增长了一倍多。[1]但县的数量仅从明初的887个增长到明末的1159个。[2]相较于人口数量的增长，基层司法单位数量仅是略微增长，这就意味着基层官员与管辖人口比例下降，也意味着每个地方官所需处理的诉讼案件量大幅增加，难以负担的地方官只能聘请幕友这样的助手协助处理诉讼。

明代以来，国家力图加强教育与科举考试在促进社会流动中的作用，其中一方面是通过设立学校以及增加生员这样低阶科名的名额来促进初阶社会的流动，而另一方面国家却必须对进士等高阶科名进行控制，因为进士员额直接关系到官僚组织的规模。[3]这导致取得高阶功名难度的增大，大量低阶功名者不再有机会做官。清代以后，随着进士名额更加紧缩，考取高阶功名的难度又进一步增加。[4]对于这些取得低阶功名的读书人来讲，收入颇丰并且可以累积行政经验的幕友职务就成为他们的一个重要选择。所以，可以说教育与科举政策的调整间接地为幕友职业提供了更多的人力资源。

---

[1] 参见［美］何炳棣：《明初以降人口及其相关问题1368—1953》，葛剑雄译，生活·读书·新知三联书店2000年版，第26—27、310—317页。
[2] 参见［加］卜正民：《明代的社会与国家》，陈时龙译，商务印书馆2014年版，第28页。
[3] 参见［美］何炳棣：《明清社会史论》，徐泓译注，联经出版事业股份有限公司2013年版，第210—223页。
[4] 根据何炳棣先生的统计，明代的进士名额为平均每年89人，而清代除顺治年有明显增加外，康熙前半期则跌落至平均每年60人左右，虽然进入18世纪后出现回升，但考虑到同时期人口快速增长这一重要因素，可以说在明代考取高阶功名比清代容易许多。见［美］何炳棣：《明清社会史论》，徐泓译注，联经出版事业股份有限公司2013年版，第235—236页。

幕友佐治之风兴起于明代,而其之盛行大概始于雍正时期。除了上述影响因素继续发酵,清代官方对幕友的肯定以及养廉银政策的实施则更加直接地推进了幕友的佐治,使之日趋兴盛。

　　官方对幕友佐治的认可大体上始于雍正时期。雍正帝在雍正元年(1723年)给吏部的上谕中记载,"各省督抚衙门事繁,非一手一足所能办。势必延请幕宾相助,但幕宾贤否不等。"[1]其中肯定了地方衙门延请幕友协助处理政务的必要。不久之后的雍正五年(1727年),在给湖广总督的回复中,雍正帝再次表达了地方官有必要请幕宾相助的意思,"……至两省刑名钱谷事务殷繁,必须幕宾相助办理……"[2]关于延聘幕友的必要性,雍正皇帝如下阐述,"……盖刀笔簿书,既未学于平日,刑名钱谷,岂能谙于临时,全赖将伯,助兹鞅掌……"[3]在其看来,由于地方官缺乏相关知识和实际经验,所以由幕友协助处理具体政务不可避免。相较于雍正帝的积极态度,前两朝的顺治帝和康熙帝对幕友佐治的评价则显得较为消极,或者说很难见到两位皇帝对幕友有正面的评价。如顺治皇帝曾言,"……至于不识文义之人益不胜任。文移招详全凭幕友代笔,转换上下,与吏役通同作弊,贻害百姓。督抚不行纠参,大乖法纪……"[4]可见在其眼

---

[1] 参见《清世宗实录》,雍正元年三月乙酉。本书所引用的《清实录》来自第一历史档案馆所提供的电子资源,见 http://quanwen.lsdag.com/welcome.html。

[2] 参见《清世宗实录》,雍正五年三元癸卯。

[3] (清)田文镜撰:《钦颁州县事宜》,"慎延幕友"。见《官箴书集成》(第三册),黄山书社1997年版,第676页。

[4] 参见《清世祖实录》,顺治八年闰二月丙辰。

中的幕友,是与书吏和衙役串通、坑害百姓的负面形象。康熙皇帝虽未直接指责幕友,但他却赞赏了那些未聘请幕友而亲力亲为的地方官,"……今浙江布政使赵申乔,居官甚清。赴任时所有家人仅十三人,幕宾亦无。每日办事皆系亲笔……"[1]从中可以看到康熙皇帝并非对幕友佐治持积极的态度。

此外,从总体上看,在顺治朝与康熙朝的《实录》中,"幕友""幕宾"等相关内容出现的次数较少,即便出现也鲜少被作为议论的中心,往往是在论及官员的某些劣行时,幕友作为参与者与协助者被提及。可以说,幕友在清代前期总以被批评和指责这样负面的形象出现。

综合以上史料可知,在官方话语中,幕友的形象大体上从雍正时期开始朝着正面的方向转变。换言之,在雍正时期,国家开始对幕友佐治表现出肯定的态度。所以,无论是幕友的地位还是幕友之于地方行政司法的影响也随之逐渐提升,幕风由此开始转向兴盛。

雍正时期开始推行火耗归公的地方财政改革,作为改革重要组成部分之一的是国家开始向地方官发放养廉银,数额远大于俸银的养廉银使得地方官的收入明显增加。[2]收入的大幅增加,一方面为地方官聘请幕友提供了经济上

---

[1] 参见《清圣祖实录》,康熙四十年十月壬戌。
[2] 参见[美]曾小萍:《州县官的银两——18世纪中国的合理化财政改革》,董建中译,中国人民大学出版社2005年版,第110—111页。以知县为例,清代知县的俸银为每年45两,而在火耗归公改革实施后,河南省的知县所分配到的养廉银最少为每年600两,最多则可至2000两。被视为养廉银数量较少的四川省,养廉银数额也达到每年400两至600两。参见同书第35、114、129页。

的可能性，使其有能力支付幕友不可谓不高的束脩。[1]另一方面养廉银的出现也使幕友的工作变得"光明正大"起来。在养廉银政策实施之前，地方官若想延聘幕友只能以陋规等非正式收入来实现。虽然国家因为经费制度等原因在一定程度上不得不默许地方衙门通过陋规获取办公经费，但实际上在正式收入与高额束脩的差距面前，地方官即便雇用幕友恐怕也不敢大张旗鼓，而是私下低调为之。在养廉银政策实施之后，地方官则无须再有如此顾虑，甚至还可以看到地方官直接以聘请幕友费用太高为理由要求增加养廉银的情况。[2]

明清时期幕风的逐渐盛行反映在历史的诸细节中。如幕学于雍正时期开始兴起，[3]这种以为幕心得和技巧为内容的具体实践指导文书风行，反映出入幕为宾在当时已成为读书人一种重要的出路甚至是追求。又如从雍正时期开始，官箴等史料中幕友相关的记载逐渐增加。幕友参与州县裁判程度的加深亦是幕风兴盛的反映。裁判文书为认识幕友之于州县裁判的影响提供了新的视角，而其中与幕友关系密切的副状文书的变化，正是幕风兴盛过程的直观反映。

---

[1] 瞿同祖先生根据汪辉祖的《病榻梦痕录》推算，1750年代一名刑名幕友的年收入可达260两白银，而钱谷幕友亦有220两白银。参见瞿同祖：《清代地方政府》，法律出版社2003年版，第186页。

[2] 如雍正时期江西粮驿站二道就以每位道员增加巡视三个府并分别负责所属州县的刑名案件，所以需要延聘幕友为由而要求提高他们的养廉银。参见 [美] 曾小萍：《州县官的银两——18世纪中国的合理化财政改革》，董建中译，中国人民大学出版社2005年版，第180页。

[3] [日] 宫崎市定：《清代的胥吏与幕友——以雍正朝为中心》，载宫崎市定：《宫崎市定亚洲史论考》（下），张学锋、马云超等译，上海古籍出版社2017年版，第1206页。

幕友佐治在明清时期逐渐兴盛的历史过程，清晰地反映在副状文书形态和功能的变化之中。明代后期，州县裁判成为地方纠纷解决的主要途径等历史原因，导致幕友协助地方官裁判的风气开始兴起。进入清代以后，基于国家肯定幕友在裁判中的作用等因素，幕友佐治的发展得以促进，幕友之于州县裁判的影响逐渐增大。随着幕友参与州县裁判程度的逐渐加深，裁判程序上亦出现了与之相应的调整，而副状的变化正是其中的代表之一。在清初，副状是流转于地方官与书吏之间的文书，其主要功能是防止胥吏泄露告状内容。而清代中期以后的副状在形态与功能上都出现了变化，副状成为流转在地方官与幕友之间、专供幕友拟批所用的文书。副状的变化从侧面反映出了幕友参与裁判程度的加深、幕友地位及其所获认同度的提高，以及幕友佐治在清代趋于兴盛的历史现象。

三、起诉文书的书式与作成要求

前文中梳理了几种主要起诉文书的形态与功能，下面将从文书的书式要求和作成要求两个方面继续解读起诉文书，并结合诉讼程序的展开，考察起诉的限制与条件，或者说是州县衙门受理诉讼的要件。

其实在前文中已经部分地涉及了起诉文书的形式要求，如白纸呈词与状式纸呈词的适用等，而更多的细节之处则有待进一步讨论。告状或诉状所使用的状式纸结尾处，印有"注意事项"，其是起诉文书要求乃至起诉受理要求最为直观的体现。

关于注意事项，在前文已经有所介绍。在起诉文书的最后,大约占全纸五分之一的篇幅列举出来的提交词状时应注意的内容,因此滋贺先生将该部分称为"注意事项"。[1]田涛先生又将之称为"状式条例",即附有状式注意事项和立案规则,以及证人、证据、惩罚条款等之意。[2]

从实际文书的情况来看,并非所有的词状中都保留了注意事项部分。这是因为,注意事项本就是提醒当事人一方在起诉时应该注意的问题,所以一旦词状被受理,注意事项部分就不再有实际意义。当案件审理结束后,整理文书归入卷宗之时,已经不具有实际意义的注意事项部分,一般会被撕掉。也就是说,原则上注意事项部分不会出现在官方档案中,一般在形成档案之前被撕去而不予保留。今天在档案中看到的注意事项,是由于没有注意到而忘记被撕掉,因此遗留了下来[3]。

注意事项是事先被印在状式纸上。注意事项的内容并非统一,不同衙门所列示的注意事项,甚至同一衙门不同时期所列示的注意事项都可能不同。而清代的官箴史料中也不乏关于注意事项的记载,其中列举的多是普遍应被遵守的起诉要求,如《福惠全书》在"立状式"部分就列出了十五条起诉要求。[4]下面将围绕注意事项梳理当时主要的起诉要求。

第一,起诉文书应使用具有固定格式的状式纸以限制

---

[1] [日]滋贺秀三:《続·清代中国の法と裁判》,创文社2009年版,第31页。

[2] 田涛、许传玺、王宏治主编:《黄岩诉讼档案及调查报告》(上卷),法律出版社2004年版,第10页。

[3] [日]滋贺秀三:《続·清代中国の法と裁判》,创文社2009年版,第31页。

[4] (清)黄六鸿:《福惠全书》,"立状式"。见《官箴书集成》(第三册),黄山书社1997年版,第327页。(卷之十一·刑名部)

字数。所谓状式纸，是官府印刷并发行的具有固定格式的状纸。要求当事人使用状式纸的根本目的是限制告状的字数。在注意事项中，该项限制被经常表述为"不遵颁发状式不准"，或"状不合式不准"等。状式纸上画有方格，每个方格内只能写一个字。至于状式纸上方格的具体数量，在清代不同时期则有所不同，总体上可以说是呈现逐渐增多的趋势。

在清代初期，如《福惠全书》中所言，"不限定字格枝词蔓语反滋缠绕，故状刊格眼三行，以一百四十四字为率。"[1]即共有三列，而每列有五十字左右，总字数不超过一百五十字。实际上，清初对告状字数的限制应受明代的影响，或者说是继承了明代的做法。明代官箴《居官必要为政便览》中就曾提到，"任后出告示谕知，照依格式，每状不过三行，每行不过五十字。"[2]但无论是明代还是清代，这种字数上的限制都未被严格遵照，超过一百五十字的告状屡见不鲜。根据滋贺先生对《淡新档案》的考察，清代告状的字数限制逐渐被放宽，告状字数呈现增加的倾向，如同治时期以后基本达到三百字左右，每列二十字，一般在十二至十六列。[3]

虽然当时对告状有字数的限制，并且有超出规定字数范围、告状将不被受理这样的限制条件，但从档案的情况来看，该限制并未得到严格执行。如当事人常使用叠写，即在一个方格内写两个字的方式来增加告状的字数。虽然

---

[1] 同上注。
[2] （明）佚名：《居官必要为政便览》，"刑类"。见杨一凡主编：《历代珍稀司法文献》（第二册），社会科学文献出版社2012年版，第643页。
[3] ［日］滋贺秀三：《続·清代中国の法と裁判》，创文社2009年版，第30页。

"双行叠写"往往是注意事项中的禁止事项，但实际上档案中并不乏双行叠写的告状，而这些告状也并未被官府拒之门外。换言之，因告状字数超过限制而被拒绝受理的情况比较少见。

清代的告状大部分以状式纸为载体。就目前所见，状式纸在雍正年间就已经被使用。[1]至于在更早的明代，是否已经使用了状式纸，前引《明代官箴》中提供了肯定的答案。但就文书实物来看，因为现今所见明代诉讼文书多为抄写复制的副本，而非官方档案，所以其中几乎不见使用状式纸的告状。

第二，对起诉文书作成者的要求。在注意事项中经常会出现，"无代书姓名者不准"这样的起诉限制。顾名思义，若告状中没有印有代书的戳记，则其将不被受理。每个代书都有属于自己印戳，印戳上刻有专属于该代书的花押。而状式纸上都会印有"代书"一栏，代书的戳记就出现在该栏中。告状上印有代书的戳记，并不意味着告状全部由代书独立完成。代书对告状的贡献程度，可以通过状式纸的"做状"一栏来判别。

做状栏中所记入的内容可以分为以下三类，其一是"自稿""自带稿""自稿自缮"，意味着当事人自己完成告状的原稿之后，拿到代书处由代书进行誊写。其二是"自稿缮便""带稿修便""自带稿缮便"，意味着当事人将原告带至代书处，由代书进行文字上的修正后再誊写。其三是

---

[1] 如雍正三年李大生所提交的告状就已经使用了状式纸。见王钰欣、周绍泉主编：《徽州千年契约文书（清·民国编）》（卷一），花山文艺出版社1993年版，第239页。

"便稿""缮稿"等,意味着当事人将主要诉求告知代书,委托代书完成告状。[1]

在以上三种情况下,告状上都会出现代书的戳记。据此可见,即便当事人有书写能力,可以自己完成告状,但仍必须由代书誊写,否则告状将不被受理。代书誊写或代写后,将在告状上盖印专属戳记,如此的一份告状才能被提交至衙门,这就是注意事项中"无代书不准"的意涵。

代书本是为百姓代写告状的职业,这种职业的出现是因为当时人们普遍文化水平有限,缺乏识字与书写能力,多数人无法自己完成告状,所以不得不请人代写。代书这一职业在宋元时期就已经比较普遍,官方设立了"书铺"和"状铺"这样专业代书机构,呈至衙门的告状通常都是经代书之手完成。实际上更早的《唐律》中就已经出现了规制代书的规则,"诸为人作辞牒增其状,不如所告者,笞五十"。[2]其中所说的"为人作辞牒"即代人写告状等词状之意,由此可见当时代书已经开始承担相应的法律责任。

告状必须经由代书的规则在明代可能就已经形成。明代名臣吕坤所著的《实政录》中就载明,"凡各府州县受词衙门,责令代书人等俱照后式填写。如不合式者,将代书人重责枷号,所告不许准理。"[3]可见,如果告状不符合形式要求,则不仅代书将受到责罚,而且告状也不会被受理。

---

[1] [日]滋贺秀三:《続・清代中国の法と裁判》,创文社2009年版,第29页。
[2] 《唐律疏议》斗讼,"为人作辞牒加状"。
[3] (明)吕坤:《实政录》卷六,风宪约,"听讼"。见吕坤:《吕坤全集》(中册),中华书局2008年版,第1106页。

明代其他官箴中也曾记载过类似的要求，如《治谱》中列举的起诉条件中提到，"状中无写状人不准"，[1]又如《居官必要为政便览》中亦有，"无写状人姓名住址者不准"的要求。[2]此外，明代告状的注意事项中也可以看到类似的起诉限制，如"状内无写状人的名都图里这不准"。[3]

不难发现，上述史料中除了《实政录》以外，都未直接称代书，而是称"写状人"。所谓写状人，顾名思义是指告状的作成者。写状人的范围大于代书，换言之，写状人除了职业代书以外，还可以是其他特定人群，如里老等乡治体系内的乡村事务管理者们被认为有为百姓代写告状的责任。明代官箴《璞山蒋公政训》中就曾说道，"告状人各拿白纸一张，来换印板一张与他写。能写者，令其自填。不能写者，里老代伊填写。"[4]此外，材料中还特别提到应该注明写状人的地址，其目的是确定代书人的身份和责任。据此推断，这里的写状人可能并非职业代书，由此亦可见当时可能尚未形成如清代那样较为完备的代书制度。因为根据《福惠全书》中的记载，"本县发一小木印记，上刻正堂花押，下刻代书某人。凡系告诉状词于纸尾用此印

---

[1]（明）余自强：《治谱》（卷四），词讼门。见杨一凡主编：《历代珍稀司法文献》（第二册），社会科学文献出版社2012年版，第554页。

[2]（明）佚名：《居官必要为政便览》，"刑类"。见杨一凡主编：《历代珍稀司法文献》（第二册），社会科学文献出版社2012年版，第643页。

[3]"隆庆六年休宁县叶贤诉状"。见田涛、许传玺、王宏治主编：《黄岩诉讼档案及调查报告》（上卷），法律出版社2004年版，第17页。

[4]（明）蒋廷璧：《璞山蒋公政训》治体类，"严门禁"。见杨一凡主编：《历代珍稀司法文献》（第二册），社会科学文献出版社2012年版，第554页。

记。"[1]清代每名代书都有由官府发行的专属印戳，因此通过戳记就可以直接判断该告状出自何人之手。且代书身份的取得需经政府考试，"有在本治为人代书词状者，许赴本县，定日当堂考试。词理明通，且验其状貌端良者，取定数名，开明年貌籍贯，投具认保状。"[2]所以，从对比角度而言，明代可能尚未确立较为严格的代书资格取得制度，从外部上看，明代官府并未形成向代书颁发专属印戳的制度，以至于要求注明写状人的地址等基本信息。但是，根据上述吕坤所言，至少在明代后期可能已经存在约束代书的相应规则，代书需要承担对告状进行形式核查的责任，即所谓的"合式"与否。

此外，从实际文书的情况来看，因为现今所见明代诉讼文书并非官方档案，而是档案的抄写件，所以无法如清代那样，直观地从是否存在戳记来判断代书的有无。但在有些文书中仍可以看到对告状来源的说明，如成化八年祁门县十西都谢道忠告状的结尾处有"自写"二字，说明由当事人自己完成。不过，由于抄出文书中并不会存在戳记，所以这里"自写"是否如前述清代的"自稿"一样，为当事人自己书写后再由代书誊写之意，目前尚无法判断。

以上简单地梳理了代书制度的发展过程，可以看到代书本是为书写能力有限的百姓提供文字服务的民间职业，但到了清代发展成由政府授予从业资格，甚至作为诉讼组成部分的行业。而国家将告状必经代书作为诉讼受理标准

---

[1]（清）黄六鸿：《福惠全书》（卷之十一·刑名部），"考代书"。见《官箴书集成》（第三册），黄山书社1997年版。
[2]同上注。

之一，除考量到为百姓提供便利以外，也考量到代书的存在实际上也为审理者提供了便利。或由代书直接执笔，或经由代书修改完善的告状，其在案情概括、语言表达等方面的专业性上高于百姓自己完成的告状，而这样的告状对于审理者而言无疑将更具可读性。此外，如前述所，写状需要一定的技巧，如字数上的限制等。在一百余字内需要清晰完整地叙述陈告内容以及表达自己的诉求，即便当事人自己具有书写能力，恐怕也难以胜任写状。所以，专业写状人代书的存在就显得十分必要。

第三，对于起诉日期的限制。注意事项中一般都会包括"放告日"一项。即一般民事诉讼必须在规定日期，也就是放告日才能起诉，否则将不被受理。具体的放告日因地而不同，但大体上每月有十天左右的时间，如《福惠全书》中所提到的，"凡告期，必以三、六、九日为定。"[1]即所谓的三六九放告，这也是较为常见的规定。[2]之所以对民事诉讼设置起诉时间的限制，史料中提到如下的理由：

> 民之有讼，出于不得已。官之听讼，亦出于不得已而后准，非皆乐于有事者也。闾阎雀角，起于一时之忿争，因而趋告。若得亲友解劝，延至告期，其人怒气已平。杯酒壶茗，便可两为排释，岂

---

[1]（清）黄六鸿:《福惠全书》,"放告"。见《官箴书集成》（第三册），黄山书社1997年版。

[2] 考察《淡新档案》可知，淡水新竹地区基本上逢三、八放告，即每月有六天左右可以就民事案件进行起诉。[日]滋贺秀三:《続·清代中国の法と裁判》，创文社2009年版，第33页。

非为民父母者所深愿乎。[1]

　　无论是百姓诉讼还是地方官审理诉讼都是出于不得已，双方都非乐于诉讼之事。其中，户婚田土等诉讼多是起于一时气愤。若在起诉日期上设置限制，则愤争的当事人无法立刻诉讼，只能等到规定起诉日才能提告。在等待的过程中，经过亲友的劝解，当事人可能怒气已平，也就无须诉讼，这对官民双方而言都是乐事。

　　除了以上起诉和受理的限制，注意事项中经常出现的受理条件还包括：若妇女、生员以及老幼残疾等人起诉则须有代理人，即所谓的"抱告"，若直接诉讼将不被受理；[2]若告之前已经审理过的案件，则必须将前件诉讼的具体情况，如诉讼时间、衙门的批示或审断结果等内容在告状中说明，否则也不能受理；为防止牵连而限制被告人数，诉讼对象人数过多也将不被受理，以及前文所提到的，提交副状亦被视为受理的要件等。

　　起诉和受理条件因地域不同，或因地方官不同而不同。但总体来说，以上所梳理的是较为普遍的要求和限制。这些要求或直接出现在告状的注意事项中，或出现在当时的官箴记载中。但至于这些规定是否在当时的司法实践中得到严格的执行，恐怕很难给出肯定的答案。虽然文书主义是清代起诉制度的核心，但仍为其他起诉方式留下了空间，如"喊禀"这样的口头起诉方式，发生的概率很小然并非

---

[1] 同上注。
[2] 清代被代理诉讼人的范围，基本上沿袭了明代的规定。关于清代抱告制度，详见徐忠明、姚志伟：《清代抱告制度考论》，载《中山大学学报（社会科学版）》2008年第2期。

不存在;若因事属紧急,而不待放告日起诉的情况亦存在。如相对于在放告日起诉的"期呈",当时还有"舆呈"的起诉方式。舆呈属于直诉的一种,是指当事人在地方官外出巡行途中直接向其提交词状;又如前文所述,告状的格式要求在实际司法过程中也未得到严格遵守,无论是超过规定字数,还是违反规定格式而双行叠写的告状,被受理的情况也有发生。[1]

综上,基于诉讼档案和官箴等史料,对清代的起诉限制和受理条件进行了梳理和解析。从历史性而言,清代的起诉条件基本承袭自明代,虽然在部分环节表现出差异,如前述代书制度的不同,但在总体上基本保持一致。

---

[1] 值得注意的是,现今对清代诉讼受理情况的了解主要基于诉讼档案,而收入档案的案件大多数属于被受理的案件,而那些因各种原因而未被受理案件的文书基本上不会出现在档案中。而其因何未被受理,是由于告状格式不符合要求,还是由于违反了某项起诉限制,通过档案是无法了解到这些具体情况的。所以,究竟有多少告状因不符合起诉条件而被拒绝受理,或者说上述这些起诉条件在何种程度上得到了执行,目前都无法给出确切的答案。

第三章 法庭审理记录

诉讼在被受理后，就将进入召唤和审理程序。但实际上并不是所有诉讼都会进入法庭审理阶段，部分案件在开庭之前即告终结。所以，在解析法庭审理阶段及其相关文书之前，有必要先来关注召唤程序的情况。

一、召唤程序中的文书

（一）召唤程序

当词状被受理后，诉讼程序就进入了召唤阶段，即将案件相关者带到法庭。该程序亦被称为传唤或拘等。清代官箴《办案要略》中对拘与唤之别有如下解释：

> 拘者拘挐，唤者传唤，须于核稿时留神下笔，切弗率忽总之。拘字不必轻用，余每遇事情较重而又不便拘挐，用严传字样似乎稍可……批审事件权其事之轻重，票内分别拘唤字样……[1]

拘意为拘拿，而唤意为传唤。从文意判断，案情较重时称拘，案情较轻时则称唤。如此拘与唤的区分也并非当时的通行标准，无论案情的轻重都称拘的情况亦有出现。

---

[1]（清）王又槐：《办案要略》。见《官箴书集成》（第四册），黄山书社1997年版，第770页。

更多的史料将注意力放在区别召唤程序执行者上。如《福惠全书》中就提到，命盗重案与民事案件的召唤执行者不同，"愚以为，平常户婚，发房签差，照例均轮。若命盗重案，宜将六房三班中预择老成小心者，识之署壁，临时酌发差遣，则勾党局诈之事庶几少免。"[1]若案情较重，即属于人命案件，或盗窃案件，或初步判断应处徒刑以上的案件，则应派出经验较为丰富的差役负责召唤。若为一般的户婚田土案件，则由各房差役轮流执行召唤。该书中又提到，"鸿昔作县遇重案则如此，其他词皆令原告自拘。"[2]除重案以外，其他案件以令原告为召唤执行人为原则。换言之，若非重案，则尽量不派出差役，而是由原告自己完成召唤。并且进一步规定，若原告未能完成召唤，则再派出差役，但在审理之前要先责罚前次召唤未到之人。[3]其目的是促使被告和证人配合原告的召唤，而尽量避免派遣差役。

《未信编》中同样提到民事案件应尽量由原告一方自拘，"细小之事，有原词即发本告。着乡保中证处明之法，有发房写票即差本告自拘之法，无非欲为百姓惜费，法甚善也。"[4]其中称由原告自己执行召唤程序，即所谓的自拘，是为百姓着想的善法。避免派出差役而由原告自拘的好处在于，防止差役借召唤之机搬弄是非，蒙骗百姓，榨取钱财。

民事案件，首先以原告为召唤执行人的做法在明代已

---

[1]（清）黄六鸿：《福惠全书》（卷之十一·刑名部），"差拘"。见《官箴书集成》（第三册），黄山书社1997年版，第331页。

[2] 同上注。

[3] 同上注。

[4]（清）潘杓燦：《未信编》刑名上，"准状"。见《官箴书集成》（第三册），黄山书社1997年版，第74页。

有之，并且明代在避免派出差役方面似乎较清代更为严格。如明代官箴《璞山蒋公政训》中就称，"词讼发批票差皂隶快手甚为害事，绝不可差。"[1]认为派差役召唤堪称危害，所以决不可为。不仅在官箴中如此，甚至明代的诉讼文书也明确将召唤规则写入其中。明末天启六年（1626年）的一张信票上记载了较为完整的召唤程序：[2]

> 休宁县正堂牌
> 察院明文，票给原告赍，兼保甲同拘，以省差役骚扰，犯证俱要依限赴审。如有抗拒，原告缴票，次差里保，后差快役，拿到定先加责，以儆抗提之罪，而后审问是非。有愿息者，同递息词，免供发落。
> ……
> 初仰本告 拘到即审发落
> 次仰里保 拘到免责审问
> 后差快手 拘到先责后审

以上文字出现在官府用于召唤的信票中，省略部分是该案具体人、证信息，而上述内容皆为刻板文字，并且这些文字被预先印制在信票上。由此亦不难推断，这种形式的信票至少应该是在该时期休宁县为召唤时所普遍使用，并且以上内容为当时适用的一般召唤规则。其规定召唤执行人的先后顺序为原告、里老和差役。先由原告召唤，若

---

[1] （明）蒋廷璧：《璞山蒋公政训》治体类，"清词状"。见杨一凡主编：《历代珍稀司法文献》（第二册），社会科学文献出版社2012年版，第415页。
[2] 该文书题为"天启六年休宁县正堂牌"。见王钰欣、周绍泉主编：《徽州千年契约文书（宋元明编）》（卷四），花山文艺出版社1993年版，第199页。

原告无法完成召唤,则将该票交还至衙门,改由里保召唤,即乡治组织负责召唤。若前两者都未达成,则最后由差役,即其中所说的快手凭票负责召唤。

类似的内容也出现在天启二年的另一张信牌中:[1]

> 正堂信牌
> 休宁县为财产事。本县不差皂快,恐滋诈骗。故差原告自拘,节省民财。而被告人犯,宜仰体此意,遵限赴审。如不到,复差地方,倘仍前抗递,即系习顽。差皂快锁挈,先责叁拾板,然后问理。如原告不×××辄禀,抗挈者重责不贷。须至牌者。
> 计拘犯人
> 　　原告朱世相　住湖村处　离城二十里
> 　　被告朱世荣　住　　处
> 　　　　　　　　　　　　离城　　里
> 　　干证朱寿老　朱永芳　朱积仁　空
> 　　右牌仰原告　准此
> 　　里保同拘
> 　　给差　协拘
> 天启二年十一月初七日吏司
> 县行
> 　　限　月初十日缴

其中言明,不派差役的目的在于防止差役欺诈,以致

---

〔1〕王钰欣、周绍泉主编:《徽州千年契约文书(宋元明编)》(卷四),花山文艺出版社1993年版,第66页。

百姓损失钱财。并且还具体地规定若经差役召唤而来,则先责打三十板。

从实际文书所反映的情况来看,明代中期以前,在里老裁判以及官吏不下乡等政策的影响之下,派出差役召唤的情况的确较少,主要是由乡治体系内乡村事务管理者,如里长等人负责召唤。而在明代后期,随着地方治理重心从乡治逐渐转向州县裁判,派出差役召唤的情况逐渐增多。到了清代,诉讼档案中用于召唤的票、牌等召唤指令状多是派发给差役。换言之,在实际司法中,以差役召唤为主。所以,可以说明清时期的召唤程序,从由地方事务管理者为主要执行者,逐渐发展至由差役为主要执行者。

(二)召唤令状与复命书

无论是由当事人自拘,还是由差役召唤,都必须以召唤指令状为召唤凭证。换言之,召唤指令状亦是召唤执行人合法身份的证明,被召唤者看到该公文书才可能跟随其赴衙门接受审理。这种以召唤命令为内容的文书,一般采用"票"、"单"或"籤"等文书形式。[1]就作成程序而言,召唤指令状通常由书吏完成原稿,地方官(或是幕友)确认无误后,在文书的最后会签以"行"字表示批准,即允许差役等凭此令状进行召唤。

档案中召唤指令状的数量有限,这是因为在召唤程序结束后,召唤执行人必须将指令状交回衙门。回收至衙门

---

[1] 票、单、籤三者的区别主要体现在,比较单纯地给予人任务时多适用票与单。籤的实例较少,其具体使用情况尚不是很清晰。目前只能推测,与票相比,籤的紧急性似乎更强。[日]滋贺秀三:《続・清代中国の法と裁判》,创文社2009年版,第38页。

的指令状将被处理掉,有人将此称为"销"的程序。因为正常情况下,召唤指令状并不会被整理收入卷宗,也不会成为诉讼档案的一部分。留存在档案中的指令状是因为忘记回收而被留在其中,[1]但正是由于这种不经意的遗忘,今天才可得见召唤指令状文书。下面来看一件光绪元年(1875年)以"信票"相称的召唤指令状:[2]

  信票
  赏戴花翎特授台湾北路淡水份府随带加七级记大功五次陈　案据淡水儒学申称,据殿夫傅生禀,有文昌宫庙祝郑见纠欲要回家,在文庙墙内,遇见陈燕盗偷砖石被纠,将撬石器支留,陈燕脱走,而陈燕现居之屋,乃林梨之屋,林梨母每每窝藏鼠盗,叩请详拘等情,申请严拿等由到厅,当经饬差查拿去后。兹已开篆,合行催拿。为此,票仰原差汤才,总甲许辉讯协地保,立即严拿后开有名窃盗,传同原禀人等各正身,限五日内禀带赴辕,以凭讯究。该差毋得违延干咎。火速。火速。
  批:速
  计开:陈燕　林梨　郑见纠　傅生
         右仰准此
  光绪元年贰月廿六日给
  分府　行
      限五日销

---

[1] [日]滋贺秀三:《続・清代中国の法と裁判》,创文社2009年版,第37页。
[2] 该召唤指令状为《淡新档案》中的第33109-5号文书。

该件信票实际上是命差役等人召唤被告陈燕等人到案的召唤指令状。该令状的正文部分皆是墨笔书写，只有结尾处召唤期限的"五"字是朱笔书写。墨笔部分应该是由书吏完成，而具体的五日的召唤期限则是地方官以朱笔填入。票的内容可以分为两部分，第一部分是将到目前为止的案情进行概括，即郑见纠发现陈燕盗窃砖石，陈燕逃走后又为林梨之母窝藏等案情。第二部分则是以"为此"二字开始转为命令体，该部分才是票的主体部分，即具体指示由差役汤才，总甲许辉立刻协助地保，在五日之内将陈燕等带回审讯。

差役等人凭指令状执行召唤程序，任务结束归来后，须向地方官汇报召唤具体执行的情况和结果。召唤执行者通常以"禀"作为复命文书的形式。复命书的开头通常采用"某某役禀为某某事"的形式。收到复命书的地方官，需要进一步以批的形式指示终结或继续召唤程序。终结召唤一般会批以"票销"，即回收并销毁之前发出的召唤指令状。如在《巴县档案》第1038号案件（乾隆四十四年，1779年）中，差役在复命书中报告了"原告不面，被告逃匿"的结果，即召唤无法实际执行的结果，地方官对此作批"已悉，票销"。而召唤程序可以继续执行时，则通常批以"票仍发"，意思是指令状仍有效，直到召唤任务完成。如在《巴县档案》第1068号案件（乾隆五十五年，1790年）中，差役在复命书中报告"杨正奇取保未讯脱逃。往唤，正奇等不谋面"，即由于当事人脱逃，导致在指定期限内无法完成召唤的复命，对此地方官批"即集讯，票仍发"，即命令差役继续执行召唤命令。

但值得注意的是，指令状与复命文书并非对应关系，换言之，并非存在一份召唤指令书，就相应地存在一份复命书。滋贺先生通过考察《淡新档案》发现，复命书的数量甚至不及指令状的一半，那是否意味着至少一半以上的召唤执行者并未就召唤结果向地方官报告？滋贺先生认为不能简单地作此结论，实际上可能在非紧要的情况下，召唤执行者口头上已经向地方官作以回复，仅是未使用文书形式而已。[1]

召唤期限值得关注的另外一个问题。召唤指令状中唯一由地方官亲笔填入的部分就是召唤期限，该期限的意义在于要求召唤执行者必须在期限内向地方官复命。滋贺先生考察的结论是，召唤期限以三日或五日为多，虽然较长的期限可达十日，不过这种情况甚为少见。结合官箴记载可以进一步明确的是，召唤期限的长短可能与被召唤者住所距离衙门的远近有关。《福惠全书》就有如下记载：

> 其皂快等承票下乡，量离城远近立限。大约三十里限次日，六十里限三日，九十里限四日或五日。遇有机密紧事，另差马快星驰回缴，不在此限。其限既立，必须照限查比。逾限不销，必须照逾限久近责惩，使彼有所儆惧。[2]

其中规定最短的召唤期限为一天，而离县城最远处也不能超过五天。若逾期不予复命，即其中所谓的"逾期不销"，则应惩罚差役。前文在对词状形式的介绍中曾提到，

---

[1]〔日〕滋贺秀三:《続·清代中国の法と裁判》,创文社2009年版,第40—41页。
[2]（清）黄六鸿:《福惠全书》(卷之四·莅任部),"清号件"。见《官箴书集成》(第三册),黄山书社1997年版,第264页。

词状中应载明当事人的住址，如在告状开头处通常会出现"具状人某某住某某处具城某某里"。从召唤的角度来看，写明住址的要求可能与确定召唤期限有关，即根据告状中提供的住址来决定召唤所需时间。

有意思的是，指令状中的规定召唤期限在实际召唤过程中很难得到遵守。根据档案显示，严守召唤期限的情况并不多见。其主要表现在两个方面，其一，将指令状与复命书两种文书进行对照可以发现，在指定期限内提交复命书的情况几乎不存在。其二，复命书与指令状相距的时间，常远远大于规定召唤期限，两者相差二十天或是一个月的情况绝非鲜见。[1]据此而言，说指令状中的召唤期限已为具文也不为过，毕竟在大多数情况下，该期限都未能得到遵守。但反过来看，在基本得不到执行的情况下，为何不对召唤期限作调整，或者说适当地延长至符合实际情况、可以得到执行的期限范围内？目前尚未发现该问题的答案，有待日后进一步考证。

（三）到单

除采用"禀"的形式来汇报召唤结果以外，在档案中还可以看到以"到单"文书汇报的例子，如下面一份康熙二十九年（1690年）名为"休宁县投审到单"的文书：正是以差役汇报召唤结果为内容：[2]

---

［1］［日］滋贺秀三:《続·清代中国の法と裁判》，创文社2009年版，第41页。
［2］王钰欣、周绍泉主编：《徽州千年契约文书（清·民国编）》（卷一），花山文艺出版社1993年版，第106页。

休宁县投审到单

具到单差役姚吉为占掳盗卖等事遵奉正堂老爷台下信牌，协拘原被犯证县到候审者合具到单呈上，伏乞电审施行，须至到单者。

计开

原告 吴懋棣

被告 吴焕

抱告

词内人

原诉

被诉 戴尔如

干证　　阄书 议墨 收票 当契

抱诉

家贫里短，懋棣之罪不待言矣。姑全叔姪之面，候提吴弟仙吴舟到案重惩，以正主唆之罪。同保单。

凡注到单，应原被犯证俱要齐集，听候唱名，限期赴审，如临审不到，差提查究。

康熙二十九年柒月初七日具

首先，从形式上来认识该文书。该到单使用了具有固定格式的状式纸，文书中除加下画线和斜体的文字以外，其他内容皆为预先印制好。由此可见，当时到单可能是使用频率较高的一种文书，所以官府事先将到单所涉及的一般性内容预先印制，以节省文书制作的时间。在具体案件中，只需要在到单上"填空"，即将该案的具体情况逐一填入相应的栏目中。如在该文书中，负责召唤的差役名为"姚吉"，案名则是"占掳盗卖等事"皆为后来填入。此外，原被告的姓名，该案所涉及的阄书等物证也为后来填入的内容。至于抱告、词内人和原诉等栏目后为空白，则是因为该案并未涉及这些方面，所以无须填注。

文中以斜体标注的部分不但为后来填入的文字，而且是以朱笔填写的文字。除此之外，文中还有两处使用了朱笔。其一是在原告吴懋棣，被告吴焕名字上有朱笔打点，其二则是在结尾的判日处，"初七"二字亦为朱笔。

其次，从内容上看到单可以分为三个部分。其一是与通常的召唤复命书类似的内容，即文书开始因何事而召唤等。其二是"计开"二字以下的部分，被召唤到庭的被告姓名被开列在其中。名字上的朱笔打点实际上是确认二人已经被召唤到庭的意思，有点名的意味，而在"禀"形式的召唤复命书中一般并不包括该部分。其三则是朱笔部分，该部分出现在到单的空白处，通常复命书中并不包括该部分。无论从使用朱笔的形式上还是从内容上都可以判断出，该部分是地方官的判语。

所以，结合上述文书的形式和内容，到单文书可以说是复命书与点名单两种文书的合体，或者说到单是兼具汇报召唤结果以及点名两种功能的文书。

当事人以及相关人被召唤到庭后，法庭审理程序即将展开。但一部分案件未待开庭，在召唤程序即告终结。黄宗智先生将清代的民事诉讼分为三个阶段，第一阶段是从告状开始，到地方官做出初步反映为止。第二阶段是正堂审理之前的一个阶段。第三阶段则是正堂审讯。[1]召唤程

---

[1]〔美〕黄宗智：《清代以来民事法律的表达与实践：历史、理论与现实》（卷一），法律出版社2014年版，第92页。

序正属于其中的第二阶段,在这个被黄宗智先生称为官方与民间互动的阶段里,约三分之二的案件得到了解决。其中有些案件是当事人自行解决,更多案件则是由邻里或族人调解而解决。[1]一般情况下,地方官乐于接受这样的庭外和解,除非涉及死伤,否则他们基本上会作出销案的指示以结束诉讼。[2]在档案中还可以看到,地方官认为没有必要开庭审理的案件,在召唤指令状中往往直接向差役指示具体处置措施。如对于较为简单的借贷纷争,地方官认为事实基本清楚,没有必要召唤讯问当事人,所以在召唤指令状中直接命令差役通知被告将欠债缴至衙门。[3]

综上,召唤程序中主要出现了三种类型的文书,即以票、牌为代表的召唤指令状,以及差役等召唤执行者提交的主要采取禀形式的复命书,而部分案件中则以到单作为复命书。但如上所言,到单并非单纯的复命书,其还是确认出庭情况的点名单,亦是记载了判语的法庭记录。而法庭记录除了出现在到单上,是否还存在其他的形式?下一部分将进入法庭审理程序,解析法庭审理中的相关文书。

二、法庭审理记录

当事人及证人等相关人员被召唤至衙门后,法庭审理程序随即展开。法庭审理又可以分为两个环节,其一是讯问环节。讯问的目的是明确案件的基本事实,即事实认定

---

[1] [美]黄宗智:《清代以来民事法律的表达与实践:历史、理论与现实》(卷一),法律出版社2014年版,第97页。
[2] 同上注,第98页。
[3] 见《巴县档案》第1029号案件(乾隆四十年,1775年)。

的过程。至于如何讯问,并不存在程序性规则,而是取决于地方官的个人习惯。正如黄六鸿所言,"故听讼原无定法,贵在随时应变耳"。[1]其二则是裁决的环节,即地方官给出对案件的基本判断,裁决可能是当堂作出,也可能在退堂后作出。而法庭记录是法庭审理阶段的主要文书,法庭记录主要包括两个部分:一是记录出庭者供述的录供,二是记录地方官裁断的判语。

(一)供述记录

所谓供述记录,就是包括当事人、证人等出庭者供述内容在内的记录文书。供述记录,在明代多被称为"供状",在清代亦有延续该习惯、直接将供述记录称为供状的情况。[2]从形态上看,清代的供状并非单独一纸的文书,而是附于点名单或者提讯名单之后。亦有称供述记录为"录供"的情况。称录供的根据来自文书本身,如在档案中可见地方官批示"录供不好"来批评书吏记录供述不认真的情况。[3]

供述记录一般位于点名单或提讯名单之后。从形态上看,原则上每位供述者的供述自成一段,全文皆为墨笔书写。但每一段,也就是每一位供述者供述的开头和结尾处,都会出现朱笔的标记。部分供述者的供述记录上还有朱笔润色或修改的痕迹。从内容上看,供述记录的内容是经过

---

[1](清)黄六鸿:《福惠全书》(卷之十一·刑名部),"审讼"。见《官箴书集成》(第三册),黄山书社1997年版,第337页。

[2][日]寺田浩明:《中国法制史》,东京大学出版会2018年版,第174页。

[3][日]滋贺秀三:《続·清代中国の法と裁判》,创文社2009年版,第55页,注释48。

整理的供述概要,或者说被记录的内容是对各供述者眼中看到的案件经过的整理。虽然从字面上看是采用各供述人自主表达对事实认识的形式,但文书本身却是由书吏完成的。[1]综合以上内容,可以明确的是供述记录并非当堂完成,而是在法庭结束以后,书吏根据在法庭中取得的原始记录整理而成,并获得地方官检查、增删和调整的文书。

下面通过一份文书实物来了解供述记录的具体形态。该供述记录来自《淡新档案》第22703号案件,该案在本书第二章关于副状的研究中已经出现过,其基本案情业已介绍过,这里简单地加以回顾。光绪三年(1877年)七月初,原告蔡曾氏控告四房蔡国卿,称蔡国卿为了利用公契借钱而逼迫自己交出公契,并且殴伤前来劝说的堂叔蔡文生。蔡国卿则具诉状称,蔡曾氏趁自己回乡修缮祖坟之机,连同蔡文生等凭公契四处借钱。自己屡次劝阻,被蔡曾氏等怀恨在心而捏词虚告。自己被局骗至蔡曾氏家,并被蔡文生和蔡祖栋等殴打,导致重伤昏倒。而蔡文生是自己滑倒受伤,与他人无关。[2]后经审理,地方官判定蔡曾氏并无利用公契借银的行为,蔡国卿属于无赖生事。亦有蔡文生殴伤蔡国卿之情。虽然双方都应受到责处,但情可掩法,

---

[1] [日]寺田浩明:《中国法制史》,东京大学出版会2018年版,第175页。但同时也有少数勤勉的地方官愿意亲自录供的情况,如清代官员刘衡就曾说,"官果有爱民之心,但须设身处地,一面细核呈词,一面详问口供。但觉供情与呈词略有参差不合处,即带入署内密室百端诘问,不许胥役一人在旁,恐彼知我审案之法,一不可再矣,供则官自录之。"(清)刘衡:《蜀僚问答》,"先审原告取供之法"。见《官箴书集成》(第六册),黄山书社1997年版,第151页。

[2] 蔡姓一家的基本情况是,同治二年蔡家五房分家后,另抽出店房作为公共祀业,约定收租为五房均分,公契由长房蔡国炎保管。蔡国炎病故后,公契一直由二房蔡曾氏收存,而被告蔡国卿为四房。

所以对双方都不予追究。但到了光绪四年（1878年），不服前判的蔡国卿再次提诉，下面的供述记录就是这次诉讼中，于光绪四年二月十三日所取得，供述记录全文如下：

　　据蔡国卿供，年卅二岁，原籍惠安县。父母俱殁，无兄弟、妻子。现住太爷街，做金簿生意度活。小的系是第四房，那蔡曾氏是小的侄媳，这蔡丁是小的侄孙。同治二年间，小的兄弟四人与堂兄才蔡国炎将业按作五房均分，时小的分有小租九十石，现在尚剩有三十余石。当日分家时另抽牛埔大路东公业一段，年收小租五十石公店四坎，按房轮流掌管。这蔡丁私业系在牛埔大路之西，他经已向蔡文生典借银元，将租抵利。当时小的分家以后，欲回内地修理祖坟，小的将阄业并公契均交堂兄蔡国炎掌理。承后蔡国炎心存不良，将小的阄业变换，致小的阄业尾秩图章不符。续后胞兄蔡国炎身故，将公契交在胞兄蔡国品、蔡曾氏掌理。这回蔡丁同蔡曾氏将公契欲向人家借银，小的查到向阻，这蔡丁们竟敢将小的扛殴受伤。并去年那蔡曾氏诬告小的霸他公业，蒙将小的收押。今蒙验讯，恳蒙着蔡曾氏、蔡品们将公契缴案，批明祀业不准变卖，小的甘愿遵断。沾恩就是。

　　据蔡丁供，年廿五岁，原籍惠安县。小的有三叔祖及妻子，计有十余人。当泥水匠度活。小的为五房，这蔡国卿是为四房小的胞叔祖。这蔡国品是为三房。小的胞叔祖现与蔡国品、蔡曾氏同居。当时小的阉分小租有九十余石。小的母亲在日，有向魏扬舍借银五百余元对租抵利，小的现在只存有十余石。这回那蔡炎欲向小的赎轿店开赎，小的不敢允承。这蔡国卿不愿，纠众与人将小的殴打受伤。今蒙提讯，察悉小的们同胞姊蔡曾氏将公契向人家借银属实，当堂着小的将公共祀业契缴案，批明不准典卖。小的甘愿遵断就是。

据蔡国品供，年五十一岁，原籍惠安县。小的只有夫妻两人，与这蔡丁及蔡曾氏同居共食。小的为三房，蔡丁为五房，那蔡曾氏为二房，这蔡国卿为四房。当时于同治二年间，与堂兄蔡国炎五人分家，另有抽出公店四坎公业一段，年收租粟五十五石，按作五房均分，每房只分十石。又前年间小的们与林　合置之业，被那叶清华霸占互控，经蒙断还小的与林家掌管，时开费有四十余元，小的并无花销及开役烟馆情事。那蔡曾氏时应分公租十石，而人家借银一百余元，小的一面在外托族亲料理清楚。余与蔡丁供同。

该供述记录中出现了三位当事人的供述内容，都是以第一人称叙述了供述者所认识的案件事实。通过其中口语词汇的使用可以看到，虽然供述记录并非口供的原始记录，而是经过书吏整理后所形成的供述概要，但其仍采用了口语化的表达方式，这也是清代供述记录的特点之一。尽量接近口语体的表述，其目的是弱化书吏整理加工的痕迹，使供述记录更像直接来自供述者之口，进而制造出由供述者之口直接道出其所认识的事实的感觉。

从内容来看，供述者的确是在供述中各自陈述着自己所认识的事实，有的详细一些，有的稍显简略，并且各人所强调的重点亦不相同。如蔡国卿的供述中除仔细地讲述了分家的来龙去脉以外，主要将侧重点放在强调蔡曾氏一方想要凭公契借钱，自己发现后去往阻止，反遭殴伤这一他所认识的事实。而蔡丁的供述中也大致陈述了当时分家的情况，与蔡国卿供述的最大不同之处在于他认为自己是受到殴打的一方。蔡国品的供述同样涉及分家的情况，除此之外，他还讲到了与叶清华的纠纷以及开烟馆这些看似与本案关系不大的事情，并简单地提到了蔡曾氏借银的事实，其他部分则以与蔡丁叙述相同而省略。

观察上述三人的供述不难发现，对于分家的情况以及蔡曾氏曾凭公业借银的事实，三人的认识基本一致。但是这些事实认识与他们之前在各自呈词中所描述的事实大不相同。从词状中的事实到供述记录中的事实，中间经历了法庭审理的过程。换言之，在法庭审理中形成了一致的事实认识。而事实认识的统一并非自发形成，而是在地方官的努力工作下才得以形成。正如寺田先生所言，对于地方官而言，他们在民事裁判中的首要工作就是在当事人之间统一对事实的认识。帮助形成统一事实认识的手段可能是劝慰，可能是轻微的体罚，当然也可能是羁押等强制措施。[1]

在统一了三位当事人的事实认识之后，地方官给出了将公契缴案，亦不准典卖祀业的处理方案。并且从以上供

---

[1]［日］寺田浩明：《中国法制史》，东京大学出版会2018年版，第175页。

述可知，三人都接受了这样的处理结果。[1]由此亦可见，供述记录中除统一了的事实认识以外，还包括案件的处理结果。"甘愿遵断""遵断就是了"这样的表达正是接受处理结果的表示。

上述形式的供述记录，即逐一记录供述者供述形式的供述记录，在清代中期以后开始大量出现在档案中。但实际上，其并非清代唯一的供述记录方式，因为在清代初期还曾出现过一问一答式的供述记录方式。[2]供述记录中不仅包括供述者的供述，还出现了地方官所提出的问题。一份雍正年间徽州府祁门县典吏给本县知县的审理报告中，出现了如下的供述记录：[3]

> 问胡开发：你告程相、汪福黑夜毁抢你的树板，究竟这树是几时风折倒的，还在你山上，在郑家山上，程相、汪福他是什么人，擅敢来毁碎你的板呢。自然有个情节在里头了。您指寔情细细供来。据供：小的祖坟塟于青山叚，即青山培，系晨字八百八号，因四月里风吹倒了一株树，小的出拚与倪廷祥，锯了船板，已经搬过河了。不料六月二十黑夜，程相、汪福赶来，把板都毁碎了，山是小的祖山，树是小

---

[1] 将公契缴案，亦不准典卖祀业这样的处理结果亦出现在地方官的判语中，也就是堂谕中（关于堂谕，将在下一部分中具体介绍）。供述记录中实际上包括判语的部分内容，或者说在供述中复述了部分判语的内容。由此亦可见，供述记录是经书吏整理后形成，所以判语的内容也作为供述的一部分而出现在其中。

[2] 滋贺先生基于对《淡新档案》的考察，认为并不存在一问一答式的供述记录方式。但实际上更早清初文书中确实曾出现过该方式的录供。

[3] 王钰欣、周绍泉主编：《徽州千年契约文书（清·民国编）》（卷一），花山文艺出版社1993年版，第273—274页。

的祖坟上倒的，不晓得他们为什么缘故，如今树已拚与倪廷祥锯了板了，毁碎板是照赔的，求老爷作主。诘：你说树是你祖坟上的，你可有什么凭据没有呢？况据程相、汪福之房东郑日恺诉词看来，黄土岭青山培卖与郑家了，何得又有你的树呢？

该供述记录采取了"问……供……诘……供……"的形式，可以说相较之前概要式的供述记录，一问一答式更为生动地再现了法庭审理中讯问与回答的过程。而更早的康熙五十九年的一份判语中，记录了当时法庭审理的情况，其中供述记录同样采取了问答方式：

据此，卑职披阅各词，恐土名两不相俾，因简从单骑，亲诣告争处所，逐处阅勘，随拘两造人犯，当堂逐一研讯。问郑仙标，那张湾坟山时何年买受，何姓的业，有何凭据？从实来供。据供，生员之坟山，土名是张湾坳，嘉靖年间问倪家买受的，如今生员们现有墨契为凭，不期旧岁腊月，被倪有寿等盗藏了，所以来告的。又问那倪有寿……

以上两件一问一答式的供述记录皆属清代前期。如前所述，现今所见清代前期的裁判文书数量十分有限，而在为数不多的文书中存在的两份供述记录皆使用了一问一答的记述方式。由此可以推断，至少在清代前期，一问一答的供述记录方式可能具有一定的普遍性。

基于时间视角，在此之前和之后的时期，都鲜少采用一问一答的供述记录方式。清代中后期的情况，因为存在数量丰富的诉讼档案，所以一目了然。存世的诉讼档案，无论是

《巴县档案》还是《淡新档案》，多是乾隆时期以后的档案，而在这些档案中多见的是前述概要式的供述记录方式，一问一答式则鲜少出现。明代的供述记录也几乎不见一问一答的形式。明代的供述记录不仅采用概要式，而且在表述方式上亦较清代更加书面化，鲜少使用口语，可以说其在表达的生动性上与一问一答式差距甚大。[1]

以上从档案中了解到，清代初期的供述记录采用了具有一定独特性的一问一答式。为了全面地理解当时的供述

---

[1] 为了方便比较，这里举一件明代供述记录的例子，明代一般称供述记录为供状（该供状的原件藏于中国社会科学院历史研究所，所藏编号为2438500），该件供状来自万历十年（1671年）的一件土地纠纷案件，供状全文如下。

供状人谢世济等，年甲籍贯各开在后。世济有故叔谢潛，将土名徐八下坞荒田卖与今在官谢寿春故父谢佩为业，召佃人洪曾得耕种造屋住歇。今寿春家贫，凭在官谢显佑为中，将前田并庄屋卖与谢敦为业。世济思得前田是叔谢潛原业，恨敦不邀中，常怀忿恨。因见旧年奉例清丈，蒙县金今在官谢大义为公副，同公正今在官李振儒同丈本都田地。世济却不合拴串今在官谢荣生、世芳商议，大义见充公副丈田，里长又系伊户，我等将各家承祖至今买卖田地、火佃基屋契字一查。倘有分籍不填册内，一齐赴告。谢荣生、世芳自合将契查对册籍为当。各不合不查虚实，遂捏大义冒占坑郡坑、梨本坞等处田地，比世芳虚捏虎里谢显佑占骗庄基，世济亦捏公副压占徐八下坞庄地等情，各具状赴县主爷爷告准。行拘间，又据谢敦、谢大义等各具诉，俱蒙准理，行拘一干人犯到官，二家各执契文，互相异议。随行委老人叶兴衍、王应第将二家契约查对明白，回称郡坑、吴坑庄基火佃，谢敦买谢道蕴、世彦分籍，荣生尚存住前山地。荣生兄宜生买谢鑵分籍，谢敦尚存梨木坞，系生员谢诰买谢惜保山地。鲍家坞系谢敦买李仲义山地。徐八下坞系敦买寿春田地等情到县。复将人犯复审得，郡坑、吴坑火佃基屋，谢敦未没，荣生分籍住前山、梨木坞等处田地，各照企业买契管业。徐捌下坞，敦买寿春田，佃人租造屋住，专业年久。及查鱼鳞册载前项田地，俱照各业注名，并无大义名目。岂有冒占之情。又审得，万历七年道蕴因欠钱粮，将庄基七所卖与谢敦，价银完官，经今三年，谢显佑今年方充里役，何有勒骗之理。本当重惩，姑念谢姓一脉，不失教睦之义，将世济等量拟不应，以儆将来。今蒙取供，所供是实。

三月十四日　具户
堂行

记录，有必要再来看看当时官箴中是如何解释供述记录的。《福惠全书》的"释供状"部分中对供状作了如下解释：[1]

> 供者，具也。鞠审之际，两造以口具白事之始末也。上官讯问，犯证对答，夹而叙之。后开供取年月日，令在词人犯，按名画押。问官将供起过处硃"、"，尽处硃"乚"，判日入卷。

其中提到，供中应包括地方官的讯问与供述者的回答，并采用"夹而叙之"的方式，即一问一答的方式记录供述。由此可见，其与由档案所见的供述记录方式基本一致。

综合清代前期的官箴记载与档案文书，基本可以确认一问一答式的供述记录在清代前期可能普遍存在。如前所述，一问一答的方式既非继承自明代，也未被清代中期以后所继承，而是成为仅属于清代前期的供述记录方式。至于为何在该时期出现此种供述记录方式，其与前后时代的不同做法有何联系？谷井阳子先生认为一问一答式的供述记录方式与满洲统治者的身份有关，或者说其受到满洲习惯的影响。先生通过对满文档案的考察发现，将讯问与供述都记录下来，对于矛盾的和不一致的供述也不做任何删改，直接记录供述者的口供而鲜少予以修饰，且基本上采用口语化的表达方式，是入关以前所采用的供述记录方式。这样的记录方式在入关以后的满洲官员中得到了延续。换言之，清代前期满洲官员多使用一问一答式的供述记录方式，而汉人官员则多继承明代做法，主要采用概要式的供

---

[1]（清）黄六鸿：《福惠全书》（卷之十二·刑名部），"释供状"。见《官箴书集成》（第三册），黄山书社1997年版，第347页。

述记录方式。[1]

清代官箴《治浙成规》中也提到了一问一答式的供述记录:[2]

> 今各属不然,每见所叙犯供多有一句一问一句一答,更有将一人之供分叙数处,忽断忽续颠之倒之,以致处处脱节,情事模糊无凭,确核有费周章,此皆经承未娴串叙之过,自今以后断不可仍循故习也。

该史料对一问一答的供述记录方式持否定态度。其中认为这样的记录方式缘于书吏能力不足,即其中所谓的不能熟练的"串叙"。该供述记录方式将导致同一供述人所供述的内容被分散在几处,不利于清楚地呈现案件的事实。此外,从其中将一问一答的供述记录方式称为"故习"推知,该方式在此之前可能曾被广泛使用。又因该则为乾隆二十三年(1758年)的史料,所以可知大体上在乾隆中期以前,一问一答式可能是供述记录所采用的主要方式。而这与前文通过官箴和档案所判得的情况相一致,即一问一答的供述记录方式主要在清代前期适用。

明清时期的供述记录大体上经历了三种形式的变迁。明代的供述记录中以一人为核心,即记录主要当事人"招首"的供述,其他人的供述仅采用"与招首相同"这样简

---

[1] [日]谷井阳子:《做招から叙供へ—明清時代における審理記錄の形式》,载《中国明清档案の研究》科研费报告书,京都大学大学院文学研究科东洋史研究室2000年版,第69—70页。

[2] (清)佚名:《治浙成规》(卷六),"办案规则"(乾隆二十三年,1758年)。见《官箴书集成》(第六册),黄山书社1997年版,第562页。

略的记录方式。[1]清代前期则主要采取一问一答式的供述记录方式。清代中期以后的供述记录方式可谓居于前两者之间。其与明代的情况相比较,两者共同之处在于都采用了概要式,出现在档案中的供述记录是经过书吏整理甚至加工后的内容。差异之处则在于,清代中期以后到庭者的供述基本上都体现在供述记录中,如前所述,每位到庭者的供述自成一段,而非明代那样,供述记录中主要体现一位重要当事人的供述。此外,在文字表达方式上,明代的供述记录多采用书面用语,而清代的则更加口语化。其与清代前期的情况相比较,两者共同之处在于表达方式上,都采用了口语化的表达方式,犹如对供述者口供的直接记录。而差异之处则在于,清代中后期仍采取概要式的记录方式,将同一供述者供述的内容集中在一起,而非分散在问答之中。

根据谷井先生的研究,实际上在清代前期并非仅存在一问一答式这一种供述记录方式,明代那样以招首为核心的概要式供述记录方式亦同时存在,或者说明代的供述记录方式在清代前期得到了沿用。但该方式主要为汉人官员所使用,满洲官员则主要采用一问一答式。[2]满洲官员采用该方式除了受到满洲习惯的影响,还可能是受到汉语水平有限的影响。因为受限于汉语水平,所以无论是总结提炼供述者的供述,还是采用书面用语进行表达,对于满洲官员来说都存在一定的困难。因此他们选择采用相对比较

---

[1] 关于明代的供述记录方式,将在第五章中具体讨论。
[2] [日]谷井阳子:《做招から叙供へ——明清時代における審理記錄の形式》,载《中国明清档案の研究》科研费报告书,京都大学大学院文学研究科东洋史研究室2000年版,第70页。

简单的，或者说对语言能力要求相对较低的，按照审理进行的顺序，逐一记录问与答的方式。[1]

清代前期曾并行两种供述记录方式亦反映在当时的官箴中，如前引《福惠全书》在"释供状"部分中提到，记录供述应采取"上官讯问，犯证对答，夹而叙之"这样一问一答的方式，但其后却列举了以下样式的供状模板：[2]

> 供状某人，系某府某州、县某都某里人民，年若干岁。状供某年某月某日某因某事云云。所供是实。
>
> 　年　　月　　日供状人某某　押

该供状实际上采用的是概要式的供述记录方式。所以，官箴记载亦可佐证，两种供述记录方式曾于清代前期并存的事实。

比较以上三个时期的供述记录方式，可以说清代前期处于过渡阶段，由于满洲习惯的影响以及语言水平的制约，导致该时期存在两种供述记录方式。但是清代中后期并未直接使用明代的概要式，也放弃了一问一答式，而是在综合了明代经验与满洲习惯的基础上形成了新的供述记录方式。在供述记录上采用明代概要式的做法，在语言表达上则继承满洲时期和清代前期偏向于口语化表达方式。即以当事人为核心，将所有人的供述都呈现在供述记录中，并且尽量采用保留口语或者接近口语的表述方法。虽然

---

[1] 即便供述并非官员亲自记录，但最终须经官员确认，而对于汉语水平有限的满洲官员来说，一问一答的记录方式也更加容易阅读和理解。

[2] （清）黄六鸿：《福惠全书》（卷之十二·刑名部），"释供状"。见《官箴书集成》（第三册），黄山书社1997年版，第347页。

供述内容不可避免地都经过书吏的修饰，但通过上述呈现方式可以尽量弱化书吏的整理与修饰，最大限度地保持客观性。

最后，再来看看供述记录的作成过程。如前所述，出现在档案中的供述记录是在法庭审理结束后，由书吏对法庭上的口供进行整理后形成的产物，换言之其并非口供的原始记录。虽然在档案中并不存在原始的口供记录，但不能因此而否认这样一份供述记录底稿的存在。《福惠全书》中描述了在法庭上记录口供的场景：[1]

> 若口供杂乱无绪，不妨略叙简净。有意晦不明，不妨略改醒亮，但不得混删要紧承招问罪字眼。口供要俗话，不可添出太多文字句。口供酌定，仍令该书誊过，并原稿缴进，不可遗存在外，致滋口实。

该则史料可谓是对供述记录的作成要求和取得过程的全面说明。其中首先提到书吏在法庭上记录口供时应注意的事项，当供述杂乱无序时，书吏应对其进行适当的简化处理；而当语义不明时，书吏则应尽量明确供述主旨等。进而又说到供述的表达方式，口供应为俗话，不应出现过多文言的表述，也就是前文所提到的，清代的供述记录基本上采用口语体。最后则是关于供述记录制作过程的解说。在法庭审理过程中，由书吏负责记录口供，即形成原始的

---

[1] （清）黄六鸿：《福惠全书》（卷之十二·刑名部），"释供状"。见《官箴书集成》（第三册），黄山书社1997年版，第347页。

口供记录。[1]地方官应亲自查看口供记录，以确认是否存在错误，以及是否遗漏了关键内容等，同时还有利于避免书吏日后随意修改口供的作弊行为。[2]经地方官核定之后，再由书吏将誊写形成可以归入档案的供述记录。这里所谓的"原稿"就是在法庭上形成的口供记录，其也是制作供状记录的底稿和参照。

原始的口供记录作为供述记录的底稿未被收入档案中，所以今天很难见到该文书，至于原始口供记录被保存在何处，材料中只提到"原稿缴进，不可遗存在外，致滋口实"，所谓的"缴进"应是指由地方官带回内衙，而相应的"不可遗存在外"则是指不能将原始记录留在外衙。在更早的明代官箴《新官轨范》中更详细地说明了应如何保存原始口供记录，可以将其作为参考，

> 问理大小词讼，先摘口词在官，然后责令供状毕，即将供状底札尽行收取，不可烧毁或拿空便去处积放。倘后案卷疏虞，寻用底札以便查勘。不可令供状人带去日后致生别情。[3]

其中所说的"供状底札"正是原始口供记录。口供记录虽不被收入档案保存但亦应被妥善保管，既不能将其烧

---

[1] 黄六鸿将该过程称为听写，"……堂上招书一人，听写口供……"（清）黄六鸿：《福惠全书》（卷之十一·刑名部），"审讼"。见《官箴书集成》（第三册），黄山书社1997年版，第337页。

[2] "审讼"部分对该过程进行了更详细的描述，"每起问过口供，即将所写口供取来亲看一遍，恐有遗漏紧要语，随令增添。且既经寓目，书吏此后不敢改抹作弊……"同上注。

[3] （明）不著撰人:《新官轨范》。见《官箴书集成》（第一册），黄山书社1997年版，第738页。

毁，也不能随处堆放，因为若日后发现案卷有疏忽错误之处，还需找来原始口供记录作以对照。

综上，首先基于历史视角，考察了供述记录于明清之际所发生的变化，解析了不同形态供述记录之间的联系。清代中期以后，档案中出现的供述记录形态是兼容了明代的做法与满洲习惯的产物。进而结合具体案例对供述记录的内容、表达方式以及形成过程等问题进行了研究。档案中所见的供述记录并非口供的最初书面呈现。在法庭审理过程中，书吏首先将各当事人的口供记录下来形成原始的口供记录，在法庭审理结束后再根据原始记录整理成档案中所见的供述记录。供述记录采用第一人称，以口语化表达方式讲出供述者所认识的事实。而实际上这些事实认识是在地方官的努力下所形成的统一的事实认识。

（二）堂谕

在法庭上经过讯问和辩论后，地方官向当事人宣布的判断或指示，被称为"谕"。因为是在进行审理的大堂上宣布，所以又被称为"堂谕"。清代名臣陈宏谋则将堂谕解释为"当堂晓谕"之意，"府州县凡审过词讼如何判断，务须当堂晓谕，仍将断语写于供单之后"。[1]即地方官应该在法庭上将自己的判断向当事人告知，使其知晓。滋贺先生将堂谕类比于批，他认为正如地方官会在当事人所提交的告状上作批表示其意见或指示一样，在口头辩论结束后地方

---

[1]（清）徐栋：《牧令书》，"饬巡道清查州县词讼檄"（陈宏谋）。见《官箴书集成》（第七册），黄山书社1997年版，第377—378页。

官也会以"谕"的形式表示自己的意见。[1]如果与前一部分的供述记录相对比的话,供述记录是以当事人一方在法庭上的供述为内容,而堂谕则是以法庭中地方官的意思表示为内容。下面将从堂谕的内容、形态以及作成方式等方面来全面解析堂谕。

首先,堂谕包括具有裁定实质的堂谕与不具有裁定实质的堂谕两种类型。地方官在法庭上所宣布的判断并非最终的裁断结果,换言之堂谕并不等于判决。因为通常情况下,只要经过堂上的口头辩论,地方官就会给出自己的意见和判断,但该判断可能并非最终的裁断结果。其原因在于,部分诉讼并非经过一次开庭审理就能得到解决,而是需要经过再次或者多次的开庭审理。在任何一次开庭审理后,地方官一般都会作出相应的判断和指示,即作出堂谕,然而在最后一次开庭前所形成的堂谕都并非最终的裁断结果。所以说,不能将堂谕等同于判决。如在档案中经常可以见到"候复讯究断""候复讯察究"这样的堂谕,其与判决结果无关。

所以,按照是否以裁定结果为内容,堂谕可以被分为两类,即不具有裁定实质的堂谕以及具有裁定实质的堂谕,后者一般被称为"判"或"判语"。[2]如前述《淡新档案》第22703号案件中就有判语如下:

业据蔡国卿呈控蔡等盗借殴辱等情前来,审得蔡国品、蔡国卿等胞兄弟四人,同治贰年与堂兄蔡

---

[1] [日]滋贺秀三:《判决の确定力观念の不存在——とくに民事裁判の实态》,载[日]滋贺秀三:《清代中国の法と裁判》,创文社1984年版,第159页。

[2] 同上注,第161—164页。

国炎作五房均分抽出店房四坎田地两段作为公共祀业，当年公契均交蔡国炎掌管。光绪贰年，蔡国炎病故。该公契据在蔡国品、蔡曾氏等手内。蔡曾氏等即执该田契向人借钱，蔡国卿不愿与蔡曾氏等争执，蔡丁、蔡国品帮同蔡曾氏与蔡国卿滋闹，蔡国卿因而出控，并扭蔡丁到案。查例载祀产不准典卖，蔡曾氏以祀田向人借钱，殊属非。惟念妇女无知从宽，免咎既往，著令蔡国品、蔡丁缴案给该五房编管，所有堂缴公共店契，批明祀产不准典卖，给蔡国品等领收，以杜异日争端。此谕。

从内容可以判定，该堂谕属于具有裁定实质的堂谕。地方官在认定了蔡曾氏以祭祀田产向他人借钱这一事实的基础上，作出蔡曾氏免于处罚，公契由蔡国品收领，并禁止典卖祀田的裁定结果。

档案中不具有裁定实质的堂谕数量众多。以《淡新档案》为例，有一半左右的案件仅通过一次开庭就得到解决。[1]对于这些案件而言，堂谕就是最终的裁断结果。反之，对于另外半数案件而言，至少在第一次开庭审理时，地方官作出的堂谕皆属于不具有裁定实质的堂谕。

同时值得注意的是，虽然这些案件在经过一次法庭审理后并未形成裁定结果，但却未必会迎来第二次开庭审理。对于在第一次法庭审理中未形成结论的民事案件，地方官虽然会通过"候复讯究断"这样的堂谕，作出日后再次开

---

[1] [日]滋贺秀三:《判决の确定力观念の不存在——とくに民事裁判の实态》，载[日]滋贺秀三:《清代中国の法と裁判》，创文社1984年版，第191页，注释36。

庭审理的暗示，但在多数情况下，地方官并不会积极地推动法庭的再开，或者说他们就此放置案件，希望诉讼本身就此结束。并且他们通常预想的是，被放置的诉讼可以通过民间的成功调停得到解决。[1]因此，虽然部分案件中存在的堂谕并非具有裁定实质的堂谕，但该堂谕却可能是最终或唯一的堂谕。换言之，部分案件在不具有裁定实质的堂谕中终结。

若经过法庭审理和口头辩论，通过地方官的努力，双方达成统一的事实认识，并对地方官所提出的解决办法没有异议的话，则意味着纠纷即告解决，诉讼也就此结束。在这种情况下，地方官所作出的裁断结果就可以被视为具有裁定实质的堂谕。所以，在仅通过一次开庭就得到解决的案件中的堂谕，不仅是唯一的而且是具有裁定实质的堂谕。

综上而言，从堂谕的内容来看，作为地方官在法庭上作出的指示或判断，一件案件中可能包括数条堂谕，也可能仅有一条堂谕。一件案件中的堂谕中可能既包括具有裁定实质的堂谕，也包括不具有裁定实质的堂谕，亦可能两者仅具其一。因此不能将堂谕皆视为裁断结果或判决，其可能仅是整个诉讼过程中地方官所作出的阶段性指示。

其次，以表达方式区分，堂谕分为口头堂谕和书面堂谕两种。正如前文所述，堂谕的本质是"当堂晓谕"，让当事人一方当堂知晓地方官的判断结果。告知的途径可以是口头也可以是书面。口头堂谕与书面堂谕具有何种关系，推断存在以下三种可能，口头告知可能首先发生，即地方官在向当事人宣布判断结果后，也就是作出口头堂谕后，

---

[1] [日]寺田浩明：《中国法制史》，东京大学出版会2018年版，第176页。

再将之书面化而形成书面堂谕；也可能是在形成书面堂谕后再向当事人宣读，即先有书面堂谕，再有口头堂谕；抑或是将书面堂谕直接给当事人自己阅读，也就是说在这种情况下并不存在口头堂谕，而仅有书面堂谕。但是考虑到当时人们的识字和文化水平，这种情况发生的概率可能较低。所以，考虑当时的现实情况，以及当堂晓谕的目的，若经开庭审理，则口头堂谕的存在应为必要，书面堂谕并非必要。换言之，只要开庭审理，地方官肯定就会在口头表达上对讯问和审理作出自己的判断，而无论判断可能具有或不具有裁定的实质。但这些判断是否被文字化而呈现于书面，则决定于地方官自己。即便没有书面化，当事人一方也已经通过口头上的告知得知了结果，并不会影响当堂晓谕目的的实现。

  滋贺先生通过考察《淡新档案》亦得出堂谕以口头表达为原则的结论，[1]即并非所有的口头堂谕都被书面化，这也是并非所有案件的档案中都存在书面堂谕，或者说在一些档案中无法找到地方官所给出的，或阶段性或终局性判断的原因[2]。

  再其次，书面堂谕又包括朱笔堂谕和墨笔堂谕两种。所谓朱笔堂谕，是指以朱笔书写的堂谕，朱笔堂谕由地方官亲自完成，写在名单的空白处。名单一般是指记录了预

---

[1] [日]滋贺秀三:《続·清代中国の法と裁判》，创文社2009年版，第41—42页。
[2] 书面堂谕不存在，也可能是因为未经开庭审理，但若通过其他文书，如供述记录等，可以判断出并非未开庭的情况，则书面堂谕不存在的原因只能是口头堂谕未被书面化。

计出庭者姓名的文书。[1]书吏在开庭之前名单准备好，放在地方官的桌上。法庭审理开始后，地方官根据名单核对出庭者信息，如已到庭则在名字上以朱笔打点。实际上名单是对这类文书的通称，"提讯名单""讯供名单"等都是对名单的具体称谓。在本章第一部分对召唤程序的讨论中曾列举过"到单"的例子，其也属于广义上的名单。所以，朱笔堂谕的作成过程可以概括为，地方官执朱笔将对案件的判断写在名单的空白处。刘衡在《州县须知》如下解释了朱笔堂谕的形成过程：[2]

> 每案审断既毕，毋论事之大小，官且勿遽退食。即于堂皇之上，将面谕之断语朱书于点名单年月之内。其日公事稍简，则备叙全案之由。若十分忙冗，亦应将紧要断语明切书之。

其中的"面谕之断语"即是口头堂谕，将之书面化并以朱笔书写在点名单上，就成了朱笔堂谕。由此可见，朱笔堂谕实际上可被视为地方官在法庭上所作的笔记。但方大湜在《平平言》中则指出：[3]

> 帘访此说自是正论，但问官笔下敏钝不一，当堂朱判如有渗漏或词不达意反开翻控之门，不如退堂后斟酌判语较为周妥。

---

[1]（清）潘杓燦：《未信编》，"释举照"。见《官箴书集成》（第三册），黄山书社1997年版，第88—89页。

[2]（清）刘衡：《州县须知》。见《官箴书集成》（第六册），黄山书社1997年版，第111—112页。

[3]（清）方大湜：《平平言》。见《官箴书集成》（第七册），黄山书社1997年版，第697页。

他认为刘衡当堂书判的做法固然为佳，但考虑到部分地方官可能并不具有当庭完成判语的能力，若勉强为之，则可能造成疏漏。所以，判语在退堂仔细斟酌后再完成更为妥当。由此而言，朱笔堂谕也可能是在退堂后完成。

从档案的情况来看，朱笔堂谕一般比较潦草，甚至不太容易辨认。可能正是基于此原因，所以才由书吏以墨笔将朱笔堂谕誊写在供述记录之后。墨笔堂谕一般以楷体书写，文字较为工整，也较容易辨识。相较于作为地方官笔记的朱笔堂谕，可以说墨笔堂谕是较为正式的判语记录。因为墨笔堂谕是誊写自朱笔堂谕，所以两种堂谕在内容上几乎完全一致。而两者的区别可以说仅限于外观，即一种以朱笔书写，一种以墨笔誊写。

下面来看档案中朱笔堂谕与墨笔堂谕的情况。档案中既有两者共存的情况，也有仅有其中之一者。总的来说，可以概括为以下四种情况。

第一，朱笔堂谕与墨笔堂谕兼具的情况。如前所述，朱笔堂谕是地方官在法庭上或闭庭后自己所作的判语笔记，而由书吏誊写在供述记录之后的墨笔堂谕则是正式的记录。根据当时公文惯例，上行文书或平行文书一般用墨笔书写，而朱笔往往只在下行文中使用。[1] 所以，从公文规则的角度来看，朱笔堂谕可能正是提供给书吏看的文书。

第二，没有朱笔堂谕但有墨笔堂谕的情况。如前所述，没有朱笔堂谕并非意味着没有堂谕，或者说并非意味着地

---

〔1〕（清）张鉴瀛：《宦乡要则》卷一，"写墨笔式"中记载，"……其余如咨文不用硃，详文不用硃，大抵平行及详上者俱不用硃。"见《官箴书集成》（第九册），黄山书社1997年版，第117页。

方官未在法庭上宣告自己的判断。朱笔堂谕不存在，可能是地方官已在口头宣告判断，而未将其亲自记录下来而已。清代官箴《平平言》中曾提到"录判"的做法，"……招房书办，不知本官如何吩谕，无从录写堂判。必赂本官之同乡家丁，始略得其大概……"[1]其中提到的"吩谕"，即口头堂谕的意思，地方官已经在口头上宣告了自己的判断，但因为书吏听不懂地方官的乡音，只能向地方官同乡的家丁寻求帮助，才得以将口头堂谕记录下来成为墨笔堂谕，即所谓"录写堂判"。该则史料展现了从口头堂谕到墨笔堂谕的形成过程，同时也解答了为何没有朱笔堂谕但有墨笔堂谕的疑惑。从该过程亦可知，朱笔堂谕并非必要的文书，仅是地方官根据个人习惯所作的法庭笔记。

第三，有朱笔堂谕而无墨笔堂谕的情况。如前所述，墨笔堂谕誊写自朱笔堂谕，是正式的记录。换言之，存在朱笔堂谕就应该同时存在墨笔堂谕。至于为何有朱笔堂谕而无墨笔堂谕，滋贺先生认为这可能是由于文书制作过程中书吏的疏忽所致，也就是说书吏忘记誊写堂谕。[2]

对于以上三种情况，滋贺先生认为，在《淡新档案》中第一种情况和第二种情况出现的概率大体一致，第一种情况稍多，第三种情况则较少出现。

除上述三种情况以外，档案中还出现过第四种特殊情况，其一是朱笔堂谕与墨笔堂谕皆不存在的情况，也就是说在该案件中不存在书面堂谕。根据供述记录来看，双方

---

[1]（清）方大湜：《平平言》（卷二），"说官话"。见《官箴书集成》（第七册），黄山书社1997年版，第650页。

[2][日]滋贺秀三：《続・清代中国の法と裁判》，创文社2009年版，第42页。

各执一词，证人也未提供强有力证言的情况为多见，或者说通过讯问和法庭审理并未形成统一的事实认识，所以地方官也无法给出结论，档案中因此也未出现堂谕。

其二，在墨笔堂谕之后又出现朱笔堂谕的情况。例如在《巴县档案》第1007号案件（乾隆二十三年）中，供述记录后有墨笔堂谕，"……各供前情不讳。查颜朝贵伤轻平复，应将朱秀常重责十五板。所欠钱文，即饬秀常呈缴。给领。取具遵结附卷"。[1] 即裁定将被告朱秀常责处十五板。但在墨笔堂谕之后又出现了朱笔堂谕，"仰将朱秀常责廿板"，即对朱秀常的责罚从十五板加重至二十板。根据两则堂谕的内容分析，墨笔堂谕之后又出现内容不同的朱笔堂谕，原因可能有二：一是地方官自己改变了裁定，认为应加重处罚；二是本来的口头堂谕就是责二十板，但书吏自己出错，误将二十板写成了十五板。而地方官在检查过程中发现了该错误，于是再以朱笔堂谕作更改。

作为地方官对案件判断的堂谕，无论以"当堂晓谕"，还是以"面谕之断语"来解释，都可以看出其是在强调必须使当事人一方知晓地方官的判断。而最佳宣告判断的方式则是由地方官在法庭亲自告知，而非由书吏等人在闭庭后通知当事人，其目的是防止当事人被书吏谎骗。正如刘衡所言，"书毕，令两造将朱判自读一遍，如乡愚不识字，则饬房书大声宣读，俾两造倾听明白，则是非曲直，讼者

---

[1] 该案属借贷纠纷，朱秀常向颜超贵借钱而未按时返还，颜朝贵要求其还钱，朱秀常不但不还钱，而且还将颜朝贵殴伤。颜朝贵就此向衙门提起诉讼。根据供述记录来看，两人对案件事实的认识基本一致，承认存在借钱不还，以及殴伤的事实。

各自了然。"[1]在地方官书写好堂谕后,或让当事人自己朗读,或让书吏大声宣读,其目的都是使当事人当堂知晓裁定结果。有的史料中还提到应将堂谕张榜在衙门前,以便当事人了解诉讼结果。[2]

以地方官判断为内容的堂谕或判语,并不能等同于判决书。因此即便存在堂谕,也并不意味着判决就此生效,正如《平平言》中所言,"至两造之结,各执一词,是两造并非遵断。即有硃判,亦非定谳"。[3]若堂谕未被当事人接受,则不能说这样的裁断结果已经发生效力。滋贺先生曾解释过,在清代的民事诉讼中并不存在判决的概念,地方官所作出的判断,或者所宣示的纠纷解决方案只能成为"断",而非"判"。因为今天我们所谓的判决,是不问当事人是否接受,具有权威者所作出的约束当事人的判定,而无论是其概念还是程序在当时的民事诉讼中都不存在。[4]在现代诉讼制度中,判决书是具有终局性的文书,判决书的出现意味着这一阶段诉讼程序的终结。若当事人无法接受判决结果,则须通过下一阶段的程序,如上诉等来提出对判决结果的异议。但在清代诉讼程序中,堂谕并非终局性的文书,堂谕的出现也并不意味着裁断结果的生效,在堂谕之后出现的遵依结状才是具有终局性的文书。那么遵

---

[1](清)刘衡:《州县须知》。见《官箴书集成》(第六册),黄山书社1997年版,第112页。

[2](清)方大湜:《平平言》(卷四),"判语须列榜"。见《官箴书集成》(第七册),黄山书社1997年版,第698页。

[3](清)方大湜:《平平言》(卷四),"招房错漏情节"。见《官箴书集成》(第七册),黄山书社1997年版,第697页。

[4][日]滋贺秀三:《清代の民事裁判について》,载同氏著:《続・清代中国の法と裁判》,创文社2009年版,第166页。

依结状究竟是何种性质的文书，其是否可以被视为判决文书，以及其在民事裁判中有何作用，下一章中将逐一探究这些问题的答案。

最后，基于比较的视角，清代的堂谕与明代的问官口词性质相似。问官口词是以地方官对案件事实的认定以及裁判结果为内容的法庭记录文书。明代官箴中强调"口词亲笔注定"，[1]最好由地方官亲笔书写口词，并当堂告知当事人裁断结果，以防止其被书吏趁机诓骗。问官口词是单独一纸的文书，其在清代初期仍被适用，当时多称"亲笔审单"，但在进入清代中期以后，问官口词从案卷中消失。这也就意味着记载裁判结果的单独一纸文书从此消失，问官口词的功能基本为堂谕所取代。

---

[1]（明）佘自强：《治谱》（卷四），词讼门，"听讼"："口词亲笔注定，即明白说知，犯人某何罪，某无罪，某断令如何。如係事多日，人犯有认得字者，当堂将口词下发与看。如不通文义，衹当堂说罪名断令，事人人明白，则吏书不得诳骗犯人。"见杨一凡主编：《历代珍稀司法文献》（第二册），社会科学文献出版社2012年版，第560页。

第四章 遵依结状

法庭审理结束以后，地方官以堂谕表示出自己对案件的判断，而当事人一方则可以通过提交遵依结状来表示自己接受裁定结果。遵依结状系清代登场的重要裁判文书。其是当事人一方所提交的以表示接受裁断结果为内容的誓约书。遵依结状为何于清代出现，以及其在清代的诉讼程序中具有何种功能，下面将全面地解析遵依结状这一于清代登场的文书。

一、关于遵依结状

遵依结状是经过法庭审理，地方官下达裁断后，当事人所提交的一种誓约性文书。在遵依结状中当事人一方所誓约的内容包括接受裁断、以后不再相争等，在有的遵依结状中还能看到若破坏约定或翻供的话就甘愿受罚等内容。就文书性质而言，遵依结状属于甘结文书的一种。甘结文书则是具有誓约性质的文书。滋贺先生曾如下解释甘结文书，他认为，"以誓约成为或不成为将来可能的事情，并发誓若关于可能的事实的有无的陈述是虚假的话，则甘愿负罪为内容的书面表达，就是甘结文书。甘结是衙门想从人民那里获取誓约和证言时被广泛使用的书式的名称。"[1]而

---

[1] [日] 滋贺秀三:《清代中国の法と裁判》，创文社1984年版，第173—174页。

以遵守裁定为主要内容的甘结就是"遵依结状"。[1]所以，遵依结状实际上就是一种以遵守裁断为内容的誓约书。

遵依结状又被称为"遵依甘结状"，亦"遵结"或"遵依"的简称。总体上说，遵依结状是来自当事人一方的文书，即由当事人向官府提交的文书。有些史料中又对遵依结状进行了更为具体的区分，将其细分为"遵依"和"甘结"两种文书。原告所提交的誓约书称"遵依"，而被告所提交的誓约书则称"甘结"。如在《清代州县故事》中就有如下的记载，"官审结退堂，令原告具遵依，被告甘结"。瞿同祖先生的《清代地方政府》所引述的材料中亦提到，原告签名具结的陈述称"遵依"，而被告签名具结的类似陈述则称"甘结"。[2]

从实际诉讼档案的情况来看，因于原告与被告的身份之别，而区别誓约书名称的情况同样存在，如在下面一件乾隆三十八年（1773年）山林纠纷案件的判语中记载：

> 午堂审得，张锦翼、张兆鹿、张昌证、张麟书控胡文学等盗荫伐祖等事一案。庭讯之下，查十一都土名茶湾佛子垄等处山业系张轼金业。自宋葬祖，迄今百余年。茶湾山有巨木一株，胡麻佑、胡贵佑等砍斫。致张锦翼等控案。……取具胡麻佑等甘结，胡文学等遵依。立案。乾隆三十八年十月

---

〔1〕 同上注，第174页。
〔2〕 蔡申之：《清代州县故事》，"官审结退堂，令原告具遵依，被告甘结"。另见瞿同祖：《清代地方政府》，转引了《中和》（第二卷第十期，81页）中《各行事件》中所提到的"原告签名具结的陈述叫'遵依'，被告签名具结的类似陈述叫'甘结'"，法律出版社2003年版，第208页。

十六日。[1]

其中提到命令胡麻佑提交甘结，胡文学提交遵依。但实际上通过该案案情可知，无论是胡麻佑还是胡文学，都是被告。其与前述史料中所陈述的原告提交遵依，被告提交甘结的情况存在一定的差异。实际上，如该案这样区分誓约书名称的情况，在诉讼档案中并不多见，大多数的案件中，并不再具体细分遵依与甘结，而是以"遵依结状"统称。

从词语性质的角度来解读遵依结状：所谓遵，是指接受裁断内容；而结，则是指写下基于此的誓约文书。虽然上述史料中认为"遵依"为誓约书名称的一种，但实际上也有将遵依一词作为动词解读的说法，认为遵依具有承服或接受裁断结果或裁定的意思。做名词用时则与遵结同义。[2]

如前所述，具有誓约书性质的遵依结状，在本质上是一种甘结文书。所以，遵依结状的内容主要由甘结和誓约两个部分组成。普遍比较简单，大部分遵依结状的内容在一百字左右，以一两句话概括案情和裁断结果，并作出服从裁断的表示。少数遵依结状中则较为详细地描述了案情和审理的过程。

---

[1] 该文书题为"祁门县主青天徐太父师太老爷金参铁案"。参见王钰欣、周绍泉主编：《徽州千年契约文书（清·民国编）》（卷一），花山文艺出版社1993年版，第378页。

[2] [日]滋贺秀三：《清代中国の法と裁判》，创文社1984年版，第174页。

二、遵依结状的登场时间

遵依结状是于清代出现的文书。目前所见最早的遵依结状文书实物来自乾隆期的《巴县档案》。但实际上在此之前的史料中已经出现了关于遵依结状的记载。如康熙时期的《天台治略》所收录的判语中就有"取各遵依立案""逐出免供，取具遵依立案""取遵依附查，免供立案"这样的内容。据此可以说明，遵依结状在清初就已经出现。

再向前追溯，目前所见的明代裁判文书中尚未发现遵依结状，并且当时的官箴中也几乎不见对遵依结状的记载。那么是否意味着明代裁判中不存在这种誓约性的甘结文书呢？实际上从内容上看，明代的服辩状是与遵依结状有一定相似性的文书。《新刊招拟假如行移体式》中提供了服辩状的范式：

> 取服辩某人等，除年甲籍贯情词已招在官外，今蒙审取服辩，委系某等亲口吐出真情，并不系原问官吏使令狱卒人等逼勒拷打招承，依招拟罪，并无冤枉，服辩是实。[1]

来自当事人的服辩状，以接受裁断结果，以及并未遭受刑讯，也并非屈打成招，拟罪并无冤枉等为内容。《居官必要为政便览》中则提到，"凡审问重犯情真，要取服辩状在官，使之甘服无词。"[2] 由此可见，服辩状应该也属于甘结文书的一种。同为以接受拟罪结果为内容的甘结，服辩

---

[1] 见杨一凡主编：《历代珍稀司法文献》（第二册），社会科学文献出版社2012年版，第730页。
[2] 同上注，第650页。

状与遵依结状在内容与文书性质上都具有相似性。

但是服辩状与遵依结状的适用范围却并非完全一致。如上述官箴所言，对于重犯才需取服辩在官。《大明律》中也明确规定了取服辩状的范围：

> 凡狱囚徒、流、死罪，各唤囚及其家属，具告所断罪名，仍取囚服辩文状。若不服者，听其民事，更为详审。违者，徒流罪，笞四十。死罪，杖六十。其囚家属在三百里之外，止取囚服辩文状，不在具告家属罪名止限。

根据该规定，处徒、流、死罪者方需取得服辩状。即重罪案件，或者说上申案件和复审案件，才要求当事人一方提交服辩状。也就是说，民事案件中并不存在取得服辩状的要求。

《新镌棺板律例临民宝镜》中则将服辩视为招由的一部分，[1]而招由本身正是州县衙门向上级报告重罪案件时所使用的审理报告书形式。据此而言，上级机关在对重罪案件进行复审时，服辩状的取得与否被作为审查内容之一。据此亦可说明服辩状是上申案件的必要文书。换言之，地方官在审理命盗重案时，必须在向上级报告之前取得当事人愿意接受裁断结果的甘结之词。

根据上述立法规定和官箴记载可知，虽然明代亦存在与遵依结状相似的甘结文书即服辩状，但该文书仅适用于

---

[1]《新镌棺板律例临民宝镜》（卷之十），"新拟招议体式"中所提供的招由范本中包括了问得、小招、服辩、议得和照出五个部分。见杨一凡主编：《历代珍稀司法文献》（第二册），社会科学文献出版社2012年版，第730页。

上申案件。这也就意味着，明代的民事案件中并不需要取得当事人的甘服之词。换言之，在明代的民事裁判中，并不要求当事人作出接受裁断结果的意思表示。

再来看看实际文书的情况，根据现今所见明代诉讼文书，在民事案件中尚未发现服辩状，这与上述官箴及立法的情况相一致。此外，也未见其他的如遵依结状这样的甘结文书。这里需要说明的是，就材料属性来讲，存世的绝大部分的明代诉讼文书并非官方档案，而是由私人收藏的私文书，这些私文书是通过抄招给帖途径所获得的文书副本。

抄招给帖是指在裁判结束后当事人可以向官府申请抄出部分裁判文书的文书复制制度，或者说官府许可将部分裁判文书复制给当事人的制度。其中"抄招"是指复制裁判文书的意思，其中"招"字代指所有裁判文书。而招本身是招由文书的简称，招由是明代民事案件判决书的一种。由此可见，当事人申请复制判决书的情况最为普遍。虽然原则上除一些在衙门内部通行的文书以外，其他诉讼文书都可以被复制给当事人一方留存，但因为抄招并非官府提供的免费服务，当事人需要为此付费，复制的文书越多则花费越多，所以较为经济的做法是复制可以证明自己胜诉结果的判决书，这也是为何以"抄招"来命名这种文书复制制度的原因。"帖"则是指帖文，帖文是常见的一种下行文书形式。上级官厅向下级，以及官府向百姓行文时所使用的文书形式。所以抄招给帖在程序上的意思可以解释为官府复制裁判文书并通过帖文下传递至当事人。

了解了抄招给帖制度，再来看为何明代自理案件的诉讼文书中不存在类似遵依结状这样的誓约性甘结文书。因为现今所见明代诉讼文书多为通过抄招给帖获得的文书副本，并且考虑到经济原因，当事人一方多选择复制判决书这样可以证明自己胜诉利益的文书。不难想象，即便明代诉讼中存在遵依结状，其也并不会是当事人复制的对象。因为遵依结状本身就是来自当事人一方的文书。所以，根据上述文书的来源与属性来推断，存在以下两种可能：一是明代本身就不存在遵依结状这样的文书，所以自然就不会出现该文书的副本。换言之，即便日后发现了明代的官方诉讼档案，也不会在其中找到该类文书。二是明代实际上存在这类文书，只不过其并非复制对象，所以现今所见的文书副本中并不存在这类文书。若日后发现了官方档案，则可能如清代一样，在官方档案中看到遵依结状这样的誓约性甘结文书。

但是，结合当时其他史料来看，出现第二种可能的概率恐怕较小。因为在当时的官箴、判语等史料中也几乎不见与该类文书相关的内容。凭此恐怕在一定程度上可以佐证，在明代并不存在遵依结状这一结论。当然，以上皆是基于目前所掌握史料而进行的推断，更确切的答案有待于日后明代官方诉讼档案的发现。

通过以上解析，暂且可以认为明代的民事裁判中并不存在遵依结状，遵依结状是于清代才登场的文书。就上申案件而言，如前所述，明代立法中规定了取得服辩状的必要性。而通过文书可以反映出，在明代的民事裁判中，地方官仅单方面地宣示裁断结果，并不需要当事人一方做出接受与否的回应。但在上申案件中，州县衙门则必须取得当事人的接受与承诺的意思表示。

进一步究其原因，民事案件中不存在遵依结状，意味着裁断结果的接受与否并非当时民事裁判所关心的内容。在上申案件中强调取得服辩的必要性，则可能是因为地方官需要通过当事人的服辩，向上司证明地方官裁判的正当性，如并不存在刑讯逼供等，或者说服辩状的存在与否可能是上级审查地方司法工作的内容之一。

上述明律中关于服辩状的规定，为清律所继承。[1]《大清律例》同样规定了上申案件必须取得服辩状。但是根据实际文书的情况来看，该规定似有具文化之嫌，因为在诉讼档案中很少见到服辩状，可以说立法中取得服辩状的规定在实际司法中并未得到切实执行。不仅如此，在清代的条例、判例等文献中也没有关于适用该规定的记载。[2]至于取服辩状规定具文化的原因，滋贺先生认为，这与清代发达的复审制度有关。[3]如第一章所述，清代对于命盗重案实行严格的逐级复审制度，无论当事人是否对州县初审的结果表示异议，这些案件都应被自动送至上级机关进行复审。换言之，在这样的程序中，是否取得服辩的意义已

---

[1] 实际上，关于取服辩的规定在《唐律》中就已经出现，明律与清律基本上都是继承了唐律的内容，并未作出实质性修改。
[2] [日] 滋贺秀三：《清代中国の法と裁判》，创文社1984年版，第188页，注释9。
[3] 同上注。

经不大。所以，该条在清代就成为无用的规定。[1]

综上，通过纵向梳理明清两代誓约性甘结文书的变化过程，横向对比服辩状和遵依结状两种誓约性甘结文书，可以了解到遵依结状大体上于清代开始出现。而之前的明代是否存在遵依结状，受限于材料，目前仅能作出否定的推断。此外，虽然服辩状与遵依结状皆是誓约性甘结文书，并且服辩状在清代几乎很少出现，但遵依结状并非服辩状的替代品。换言之，遵依结状的登场与服辩状的具文化并不存在必然的因果关系。

三、遵依结状的取得方式

（一）当堂取得与退堂后取得

遵依结状是来自当事人一方的文书，一般是在法庭审理结束、地方官下达裁断后，由当事人提交遵依结状。至于当事人提交遵依结状的具体时间，根据官箴的记载，可以分为当堂取得和退堂后取得两种情况。清代地方官刘衡就曾强调当堂取得遵依结状的重要性：

> 书毕，令两造将硃判自读一遍。如乡愚不识字，则饬房书大声宣读，俾两造倾听明白，则是非曲直，讼者各自了然。然后令原差带两造入内

---

[1] 实际上，在明代服辩状是否普遍地存在于上申案件中，还是如清代一样，取服辩的规定基本上具文化，这些情况目前都无法给出确切的答案。究其原因，还是与明代文书的来源和性质有关。现今可见的明代诉讼文书并非来自官方档案，而是通过抄招给帖获得的文书副本，在当事人抄出更为有用的证明性文书的考量之下，服辩状自然不会成为被抄出的对象。所以，明代诉讼文书中鲜少可见服辩状是因于此，还是服辩状在明代就已经具文化，就目前所掌握的材料，很难明确地判断。

堂，照朱判各具遵结。照例粘连成卷，钤印存案。如此，则供与结不至两歧。而通案人证之结，亦归一律。书吏无从高下其手，且可杜日后抽换诸弊。即将来或有翻异，而展卷瞭如指掌，可免混争也。[1]

其中提到，地方官在亲自书写裁断结果后，即其中所说的"硃判"，也就是前文所提到的朱笔堂谕，应令双方当事人自读一遍，若其不识字则由书吏大声朗读，其目的是使双方了解裁断内容。之后由差役将双方带入内堂，由其根据朱判完成遵依结状。不难想象的是，在内堂中书写遵依结状的可能是双方当事人本人，而考虑到当事人的文化水平或书写能力，亦可能是由书吏代笔完成。无论实际的书写者是谁，这里强调的是遵依结状必须当堂提交。换言之，在审判结束之后，当事人尚未离开衙门前就应该提交遵依结状。

要求当堂提交遵依结状主要出于以下考量，首先，正如其中所提到的，目的在于保证供与结不至两歧，以及所有人证的遵结保持一致。这里所谓的供，即当事人的供述，是经当事人之口所道出的案件事实。所谓结，即遵依结状，并且如上所述，遵依结状的内容是来自朱判，也就是地方官所做出的裁断。换言之，供结一致意味着地方官根据案件事实作出了合理的判断，并且地方官的判断为所有当事

---

[1]（清）刘衡：《州县须知》。见《官箴书集成》（第六册），黄山书社1997年版，第112页。此外，（清）罗迪楚：《停琴馀牍》，"词讼"中亦提到，"凡讯皆当堂具结，不准延索。断而不遵亦不勉强。遵断未具结者，亦不定索其结。"见《官箴书集成》（第九册），第403页。

人和相关人所接受和愿意遵守。若取得这样的结果，则可以说地方官比较圆满地解决了纠纷。

其次，则是史料中并未直接言明的原因。若是允许当事人可以在退堂之后再提交，则可能面临当事人不提交遵依结状的风险。实际上当事人提交遵依结状的前提，是其内心已经接受了裁断，遵依结状仅是书面化的结果。从官府的角度而言，其不仅希望当事人在口头上表示接受裁断结果，而且希望获得书面表达，即取得遵依结状。因为正如该史料中所提到的，遵依结状日后可为证明。因此，当堂取得遵依结状无疑是官府所希望的结果。

反过来说，若非要求当事人当堂提交遵依结状，即便当事人在法庭上以及口头表示接受裁断，但退堂后或者说离开衙门后，受到其他因素的干扰或者自己本身又有了新的考量，都可能改变自己的想法，而不再提交遵依结状。此外，即便当事人事后未更改自己的想法，仍是愿意接受裁断结果，但因为并不存在强制提交遵依结状的程序要求，所以仍可能出现当事人出于省事或者是省钱的考量而不提交遵依结状的情况。从这个角度而言，要求当堂提交遵依结状的另外一层含义在于防止当事人不提交遵依结状，或者说提出该要求的另外一个目的是官府尽可能地取得遵依结状。

虽然于官府而言，当堂取得遵依结状是理想状态。但从实际文书的情况来看，当事人在退堂之后再提交遵依结状的情况可能更为常见。得出这一结论的依据是，诉讼档案中的遵依结状上经常出现代书的戳记。这就意味着这些遵依结状的执笔者应该是代书，是在法庭审理结束后，由当事人委托代书书写遵依结状后再提交至衙门。

（二）作为非必要文书的遵依结状

通过以上分析，可以了解到当时存在当堂取得和退堂后取得两种遵依结状的取得方式。但至于是否必须取得遵依结状，或者说在诉讼结束后当事人是否必须提交遵依结状，从制定法中，地方官的态度中以及司法实践中都不能获得肯定的答案，下面分别将从三个方面来解释遵依结状的非必要性。

第一，在清代的制定法中并不存在必须取得遵依结状的要求。不仅在《大清律例》中不存在要求地方官必须从当事人处取得遵依结状的规定，在具体约束官员司法行为的《处分则例》中也不见直接或间接地要求取得遵依结状的内容。《处分则例》中规定，官员在离任时，与接任者应该做以下文书上的交接：

> 凡审理词讼衙门，无论正署官员，于结案后，即令该吏将通案犯证、呈状、口供、勘语黏连成帙，于接缝处钤盖印信。遇离任时，将一应已结卷宗，造具印册交存外，其未结各案，分别内结外结及上司批审、邻省咨查、并民事各案，汇录印簿，逐一开具事由，照依年月编号登记，注明经承姓名，造入交盘册内。

其中提到的应将词状、口供以及勘语等裁判文书形成卷宗，妥善保存并交接给后任官员，但在该卷宗中却并未包括遵依结状。由此可见，遵依结状并不被视为必要的存卷文书。

遵依结状是案件尘埃落定、纷争得到解决的一种标志，换言之，遵依结状的出现意味着整个诉讼程序的终结。[1]所以对于地方官而言，取得遵依结状即意味着其成功地解决了纠纷并圆满地完成了裁判的任务，而及时审结案件历来是国家对地方官的基本要求。明清时期的立法中曾出现过多项督促结案的措施，甚至还为此规定了罚则，如较为熟知的循环簿制度正是其中的代表。在《大清律例》的"告状不受理"条中规定：

> 州县自行审理一切户婚田土等项，照在京衙门按月注销之例，设立循环簿，将一月内事件填注簿内，开明已、未结缘由，其有应行展限及复审者，亦即于册内注明，于每月底送该管知府、直隶州知州查核循环轮流注销。其有迟延不结，朦混遗漏者，详报督抚咨参，各照例分别议处。

通过设置循环簿的方式，督促州县衙门定期将审结案件的情况向上级报告，以避免延迟不结案、拖延审理的情况。但结案标准为何，其中并未言明，更未要求以当事人提交遵依结状为结案的衡量标准。可以说，立法中并未对地方官提出必须取得遵依结状的要求。

除了国家基本立法，在不同时期的条例以及地方立法中也可以看到各种督促地方衙门审结案件的措施，如设立四柱册等，但在这些措施中几乎都没有提及将取得遵依结状作为结案的衡量标准，也几乎不见要求地方官必须取得

---

[1] 这里所谓的终结，实际上具有永久性的终结和暂时的终结两种含义。后文中将要讨论到，因为清代诉讼中并不存在一事不再理的原则，所以当事人可以就同一件事情再次提起诉讼。即便其已经通过遵依结状对裁断结果表示同意，但仍可以以各种理由再次提诉。换言之，这里的终结并非终审的含义，对此应该特别注意。

遵依结状的规定。[1]综上而言，在制定法的层面，并不存在必须取得遵依结状的要求，换言之遵依结状并非司法程序的必要文书。

第二，当时的官员对是否取得遵依结状的态度并不一致。一方观点认为，取得遵依结状具有必要性。如前文所述，刘衡正是持该观点者，他不仅认为应该取得遵依结状，并且强调应当堂取得。有的官员还提到，即便动用强制手段，如必要的体罚，也要取得遵依结状。如道光时期官员邱煌的判语中就曾出现这样的内容，"……坚不服输，因身受刑责三次，只得写具遵结……"[2]甚至还可以为取得遵依结状不惜动用限制人身自由的强制措施。如该判语中所提到的，"可怜将小的拘押两月，勒具遵依。"[3]

而另一方观点则认为，取得遵依结状并非必要，或者说并未将遵依结状视为必要的文书。黄六鸿与陈宏谋正是持该观点的代表。黄六鸿在《福惠全书》的"卷案总式"

---

[1] 如雍正元例中提到，"各省州县及有刑名之厅卫等官，将每月民事事件作何审断，与准理拘提完结之月日，逐件登记，按月造册，申送该府道司抚督查考。"再如乾隆十九年例中规定，"州县自行审理，及一切户婚田土事件，责成该管巡道巡历所至，即提该州县词讼号簿，逐一稽核。如有未完，勒限催审，一面开单移司报院，仍令该州县将某人告某人某事，于某日审结，造册报销。"在地方立法，如《福建省例》中也有"州县民事词讼，按月造报管收除在四柱，依限审结，分别功过"（乾隆三十年）。

[2]（清）邱煌：《府判录存》，道光十九年判语。见高柯立、林荣辑：《明清法制史料辑刊》（第一编，第十八册），国家图书馆出版社2008年版，第121页。

[3] 同上注。

部分中列示了存卷的必要文书,而遵依结状并不在其中。[1]可见在其看来,当事人通过遵依结状表示接受裁断结果,并非裁判程序中的必要环节。陈宏谋也表达了类似的观点:

> 府州县凡审过词讼如何判断,务须当堂晓谕,仍将断语写于供单之后,审后即令经承将原呈诉词禀单断语粘卷一帙,用印存房,遇有赴上翻控情有可疑者,檄行提卷,即日申送阅,夺以杜押告之弊,以免多准之累并省录案之烦。[2]

其中简略地概括了从案件审理到形成案卷的过程。文中提到首先应将裁判结果口头告知当事人,即所谓的"当堂晓谕",之后再将其书面化,即将断语写在口供记录,如此则一件裁判即告终结。而将词状与录供等逐次粘接在一起就形成了案卷。其中既没有提到要求当事人提交遵依结状的诉讼环节,也并未将遵依结状视为存卷文书的一种。

如果说上述两则史料仅是从存卷文书的角度间接地否定了取得遵依结状的必要性,那么同为清代史料的《停琴馀牍》中则直接论说了遵依结状的非必要性,"凡讯皆当堂具结,不准延索。断而不遵亦不勉强。遵断未具结者,亦

---

[1]《福惠全书》中的"卷案总式"所列示的存卷必要文书包括原词、票案、诉词、票案、投词、到单、供状、招状、审语、议得、照出、州县正堂某行、亲笔审单。见《官箴书集成》(第三册),黄山书社1997年版,第89页。清初另外一部重要官箴《未信编》中亦出现了相同的内容。

[2](清)徐栋:《牧令书》,"饬巡道清查州县词讼檄"(陈宏谋)。见《官箴书集成》(第七册),黄山书社1997年版,第377—378页。陈宏谋(1696—1771),雍正元年进士,雍正时期与乾隆时期的名臣。

不定索其结。"[1]其中提到，虽然以当堂提交遵依结状为原则，但若当事人拒绝，则不能强迫其提交。无论是当事人没有接受裁断结果的情况，还是接受了结果但没有提交遵依结状的情况，地方官都不能向其索要遵依结状。若强制当事人提交遵依结状，地方官还可能面临着风险。因为当事人恰好可以以身体被施加痛苦或自由受到限制，才不得不提交遵依结状为理由，向上级衙门申诉，地方官将因这些理由受到上级的批评。[2]

综上官箴记载，可以看到清代地方官对遵依结状的取得与否持不同态度。既有重视遵依结状，并不惜以强制手段迫使当事人提交遵依结状者，亦有认为遵依结状的取得与否与裁判程序的终结并不必然相关，更是反对强制取得遵依结状者。以上两方官员的态度也同样证明了，当时诉讼规则中并不存在必须取得遵依结状的要求，否则就不会存在上述认识上的分歧。

制定法中并不存在必须取得遵依结状的要求，地方官对遵依结状取得与否的认识也并不一致。据此而言，当时遵依结状最终取得与否，可能与审理者对遵依结状的认识和态度有关。若审理者本身对遵结的取得要求较高，如刘衡，则可能当事人对提交遵依结状一事就更加积极。反之，若审理者并不积极地主张遵依结状的取得，当事人可能就会怠于提交遵依结状，甚至为了省事而不予提交。这可能就是在诉讼档案中并非每件案卷中都存在遵依结状文书的

---

[1]（清）罗迪楚：《停琴馀牍》，"词讼"。见《官箴书集成》（第九册），黄山书社1997年版，第403页。
[2][日]滋贺秀三：《清代中国の法と裁判》，创文社1984年版，第180—181页。

原因之一。

除了个人的认知，上级的关切度和重视度同样会影响到地方官在遵依结状取得上的态度。例如，甘肃巡抚要求地方衙门"嗣后民间一切户婚田产钱债口角等类……取具两造允服甘结，各随月报民事词讼册一并申送上司查考",[1]以此督促词讼的清理，在此遵依结状被视为一种结案的衡量标准。但同样是关于清理词讼的措施，广西按察使则强调"遵二十日之限审结"，而并未要求必须送报遵依结状。[2]比较两省的情况，至少可以说相较于广西，面对巡抚如此直接且明确的指示，甘肃的州县官们势必更加重视遵依结状的取得。

通过以上对比，无论是从官员的态度还是从各地的具

---

[1] 乾隆上谕（乾隆五年、刑部），"刑部为遵旨议奏事。江苏清吏司案呈准浙江司钞本部议覆刑部侍郎钟 条奏清理词讼，严惩保甲一摺等因，乾隆五年七月三十日题，八月初四日奉旨依议钦此。相应抄录原题，并各督抚原摺移咨前去钦遵查照施行。"对此，甘肃巡抚的回复是："甘肃巡抚元展成谨奏为遵旨酌议事：因田产钱债或经控告到官不为准理，或拘审迟延不结，或剖断未能平允，以致愚民心不甘服，逞忿争觉，酿成人命者……雍正元年定例内开各省府州县以及有刑名之厅□等官，将民事事件作何审断，与准理提讯完结之月日逐件登记，按月册报该管上司查考等语，甘省现在遵行……嗣后民间一切户婚田产钱债口角等类，实系事关己者，即行准理，立拘原被证佐详察，秉公剖断，取具两造允服甘结，各随月报民事词讼册一并申送上司查考。"朱批："着照所议行钦此。"刑部侍郎钟 条奏的内容："斗殴人命或因钱债微嫌起衅。向州县控告不行准理，或拘审延迟，或剖断未尽平允，以致愚民逞忿争角酿成人命。请敕下督抚董率有司清理词讼，以杜命案之源。"见《上谕条例 钦颁 不分卷》，江苏布政使司衙门刊行。

[2] 例如，广西按察使唐的回复是："夫州县为亲民之官，凡有田产钱债词状自应即为准理，按照定限二十日完结。如州县果能勤恤民隐公明决断狱，保全民命，诚属不少。粤西现在恪遵定例，州县民事词讼俱按月造报该管上司查核，如有审结稍迟或剖断不公，即行申饬。嗣后更加稽察。务令凛遵二十日之限审结，并严饬有司留心词讼，秉公速断。使有以平民之心释民之忿，不致酿成人命者也。"同上注。

体规则来看,都不难发现以取得遵依结状为民事案件审结标准的统一性并不存在。从朝廷到地方,对于取得遵依结状并无一贯的和制度性的要求。在实际司法过程中,地方官的个人态度、受到上级的约束程度等都是影响个案中遵依结状取得与否的因素,从这个角度亦可推知遵依结状并非必要文书的判断。

第三,再来看看司法实践中遵依结状的取得情况。如前所述,在诉讼档案中,遵依结状并非出现在每件案件中,由此可以直观地反映出遵依结状并非诉讼中必须取得的文书,也并非必要的存卷文书。[1]并且在档案中还可以看到,地方官已经明确指示提交遵依结状,但当事人却置之不理的情况。如《巴县档案》中的一件案件中,地方官已经发出"……断令文章等缴钞七千钱给万宗龙……取具甘结。立案"[2]。但双方当事人皆无视该指令,没有提交遵依结状。实际上从该例也可以看到,地方官提交遵依结状的要求,对当事人的约束力有限。

综合司法实践的情况来看,首先,从并非每件案件的诉讼档案中都存在遵依结状,可以较为直观地判明,遵依结状并非必要的诉讼文书,也并非必要的存卷文书。其次,地方官在遵依结状的取得上对当事人的约束力有限。当事人在提交遵依结状上有自主选择的余地,即便地方官提出提交遵依结状的要求,但当事人未必遵照执行,并且鲜少看到当事人因此受到责罚的情况。

---

[1] 案件档案中没有遵依结状可能有多种原因,如当事人并不认同判决结果,即所谓的"抗不具遵"。又如案件于审理中途结束或未经法庭审理等。排除这些原因,这里所讨论的是接受裁断结果但不提交遵依结状的情况。
[2] 《巴县档案》第1007号(乾隆三十六年,1771年)。

以上分别从制定法、地方官态度以及司法实践方面解释了遵依结状的非必要性。除此之外，还可以从对比的视角来丰富对遵依结状非必要性的认识。

在本章第一部分关于遵依结状登场时间的考察中，曾讨论过与遵依结状性质相近的服辩状。虽然《大清律例》继承了明律，规定了对命盗重案应该取得服辩状的要求，即当事人必须提交以接受州县官员的裁断，以及在州县审理阶段并未受到刑讯，亦并未遭受冤枉等为内容的甘结文书。但如前所述，因为清代复审制度发达，导致取得服辩状成为无用的规定。所以，在实际司法过程中几乎不见服辩状。

因为遵依结状与服辩状是性质相似的文书，所以可以参照上述服辩状的情况，来推断遵依结状取得的非必要性。对于上申案件而言，由于复审制度的发达，所以当事人是否作出接受裁断的意思表示，都不会影响复审程序的启动，所以遵依结状在上申案件中并非必要；对于民事案件而言，由于当时并不存在一事不再理的原则，而是可以就同一事件反复诉讼，所以即便当事人提交遵依结状，也并不意味着纠纷的永久性解决，或者说也并不会影响再诉讼的发生，所以遵依结状在民事案件中亦非必要。

在第三章中曾对堂谕予以解析，当时提到书面堂谕并非必要存在，地方官给出口头堂谕而未将之书面化的情况在清代并非鲜见。那么是否可以对照书面堂谕的情况来理解遵依结状的非必要性，即当事人已经在口头上表示了接受裁断结果，但并未将之形成书面的遵依结状，而地方官也默许了这样的做法。该推断还须结合后文将要论述到的遵依结状之于民事裁判的意义来进一步讨论。

综上，无论是制定法还是地方官态度，乃至司法实践的具体情况，都共同反映出遵依结状并非清代必要的诉讼文书这一特征。而遵依结状的非必要性也意味着在清代裁判程序中，当事人接受裁断结果的表示为非必要。换言之，基于遵依结状的誓约书性质而言，当事人接受并表示承诺的意思表示在裁判中并非必要的环节。那么遵依结状究竟具有何种意义，如何理解这种非必要性，下文将结合民事裁判的性质来具体探究这个问题的答案。

四、遵依结状的功能

遵依结状是以接受裁断结果为内容的誓约书，所以遵依结状首先具有誓约书的功能，对此已经在上一部分中作了较为充分的讨论。而至于誓约书在民事裁判中有何功用，将在下一部分中结合民事裁判的性质具体分析。除了作为誓约书，遵依结状实际上还具有判决书的功能，下面将着重讨论作为判决书的遵依结状。

（一）兼具判决书功能的遵依结状

遵依结状主要包括两个方面的内容，一方面是对于案件事实和裁定结果的陈述；另一方面则是当事人接受和遵守裁断结果的承诺。而其中案件事实与裁定结果的内容，大部分来自对堂谕内容的复制。如前所述，堂谕是法庭审理结束后地方官所作出的裁断结果，并且是其在统一了所有出庭者对案件事实的认识的基础上而形成的判断。[1]若让全体出庭者从各自之口复述出堂谕,就证明堂谕中所示事实认识为所有人共有,并且若所有人都甘愿接受堂谕中所示的处理方式,则意味着众人的争议点不复存在,也就意味着纷争就此终结。[2]

遵依结状大部分内容来自对堂谕的复制,但是部分档案中不存在堂谕,却存在遵依结状,其原因何在?结合前文对于堂谕的解析,档案中没有堂谕,只能说明裁断结果未被书面化,而不能认为地方官未在口头上宣布结果。换言之,没有书面的堂谕并不代表没有堂谕,因为可能存在口头堂谕。所以,不能以不存在书面堂谕而无法复制为理由来解释遵依结状的不存在。如在《巴县档案》第1868号案件中,并未出现书面堂谕,但却有遵依结状。通过遵依结状的内容,"遵依结得,蚁贩鸡抗殴差役在案。蒙讯责释,日后再不敢抗违滋事……所结是实。"可推断,可能是地方官仅在口头上训责了当事人,并认为没有必要将此种轻微程度的责处书面化,所以并未出现书面堂谕。而该遵依结状的内容则是来自地方官的口头堂谕。

如前所述,以裁断结果为内容的堂谕不能被视为判决书,因为"即有硃判,亦非定谳",即便存在堂谕,也不意味着裁断结果的生效。换言之,若当事人不接受裁断结果,则堂谕作为判决书的意义就不存在。从这个意义上而言,若当事人表示接受则即可认为堂谕生效。既载有堂谕内容,又载有当事人接受和遵守堂谕的意思表示的遵依结状则可

---

[1] 这里公堂谕更确切地说是指前文所说具有裁定实质的堂谕。
[2] [日]寺田浩明:《中国法制史》,东京大学出版会2018年版,第178页。

以被视为判决书，或者至少可以说作为誓约书的遵依结状，同时兼具了判决书的功能。

在清代的诉讼制度中，遵依结状无疑是具有终局性的文书。当事人提交遵依结状，回应了地方官的裁断，代表争讼就此告一段落，至少从形式上结束了争论，所以从这个层面而言，遵依结状可以被视为终局性文书。[1]遵依结状中通过复述堂谕的方式将裁断结果书面化，相较于堂谕其更具稳定性，因为堂谕可能是口头形式，所以从文书功能上说遵依结状更接近判决书。

实际上清代民事诉讼中可以说并不存在生效的概念。何种文书于何时起开始具有效力，若当事人不予执行将受到责罚这样的规则并不存在于当时的诉讼制度中。所以，严格意义上，遵依结状不能完全等同于今天的判决书。因为即便当事人提交了遵依结状，作出了接受裁断结果的意思表示，也并不意味着他们将执行该结果，更并不意味着他们日后不会放弃该承诺而进行再诉讼。所以，只能说遵依结状是最接近于判决书性质的文书。因为就功能而言，遵依结状中不仅宣示了裁断结果，而且是具有终局性的裁判文书。关于遵依结状所具有的判决书功能，还可以从历史的脉络，对照此前的判决文书来说明，在第五章中将详细论述明清时期判决书的变化。

（二）遵依结状在民事裁判中的地位

兼具誓约书与判决书功能的遵依结状，却并非必要的

---

[1][日]滋贺秀三：《清代中国の法と裁判》，创文社1984年版，第187页。

文书，那么遵依结状存在民事裁判中到底居于何种位置，或者说遵依结状之于民事裁判有何意义？下面将结合民事裁判的性质，进一步解析遵依结状。

首先来看先行研究中关于遵依结状之于民事裁判意义的讨论。滋贺先生认为，清代的民事裁判，虽然其中存在公权力，但并不是具有判决手段的纠纷处理方式，其实质是教谕的调停。整个民事诉讼是以折服当事人内心为目的而展开。通过调停以取得双方的心服，只有达到这种程度，才意味着案件的终结。所以清代民事诉讼的本质是调停而非判决。滋贺先生认为调停与判决的差异在于，判决的本质属性是存在具有约束力的第三者的判定。而调停的本质属性则是当事人保留是否接受经过讨论的具有一定公正性的调停结果的权利。换言之，判决与调停的区别是案件的终结是否需要获得当事人的同意。所以，不能以依据法律来定义判决，即不能说若依据法律则是判决，而不依据法律则是调停。只能说在以判决而无条件地约束当事人的裁判中，对于作为正当性根据的法要求较高。而在调停中，因为以当事人的同意为正当性的根据，所以对法的关心则相对较弱。[1]

---

[1] [日] 滋贺秀三：《清代の民事裁判について》，载滋贺秀三：《続·清代中国の法と裁判》，创文社2009年版，第163—164页。滋贺先生同时指出，清代不仅在民事裁判中要取得当事人的心服，在刑事裁判中同样重视当事人的同意。刑事裁判亦是以当事人的自白为基础而开展的，甚至不能对当事人没有自认的行为问罪。确定的罪状，最后必须使之从犯人之口说出。因为裁判官的任务是厘清真实情况，而行为人本人最了解关于行为的真实情况。所以争取到本人的心服，让真实的情况从其口中道出，是裁判官的任务。参见[日] 滋贺秀三：《清朝时代の刑事裁判》，载滋贺秀三：《清代中国の法と裁判》，创文社1984年版，第70—72页。

至于何为心服，滋贺先生认为，具体来说就是填平各当事人对于事实真相的主张或认识之间的沟壑，各当事人的认识达成大致一致的结果，这亦是民事裁判的目的所在。地方官应该通过讯问与法庭审理，在自己与当事人以及相关人员之间形成共同认识，这也是地方官应努力实现的终极目标。若在众人之间形成共同认识，并且双方当事人承服的话，则一方面是官府一方以堂谕的形式将已经形成的解决结果书面化，另一方面则是当事人一方将接受裁断并结束相争的意思呈现在誓约书即遵依结状中。[1]

寺田浩明先生则认为，在民事裁判中，将是非判断，或是内在的行动基准深植当事人内心是裁判者的任务。因此，就一个理想的判决来说，其本质的核心是当事人必须作出接受是非判断的宣言，当事人表示心服于该判断的遵依结状正是民事裁判的本质要求。所以，他认为裁判的本质与其说是对客观事实的解明，还不如说是确立可为社会全员共有的认识。[2]地方官通过法庭审理，形成可为当事人共有的认识，而当事人则通过遵依结状复述出共有认识，同时表示接受。[3]

寺田先生进一步解释，民事裁判的目的是实现某种意义下的正义。而实现正义的方法就是在解明真相的同时形成妥协，这种方法既是发扬互让精神和软磨硬泡、忍气吞

---

[1] [日]滋贺秀三:《清代の民事裁判について》,载滋贺秀三:《続·清代中国の法と裁判》,创文社2009年版,第172—173页。
[2] [日]寺田浩明:《清代民事司法論における"裁判"と"調停"——フィリップ·ホアン（Philip C. C. Huang）氏の近業に寄せて》,载《中国史学》第5卷,1995年10月,第197页。
[3] 同上注,"法庭供述、关系者的结状与犯人的结状以一体不可分的形式存在,莫不如说这是这种事态的本质的纯正的表现。"

声的混合物,也是在考量了当事人的苦衷和接受度后所采取的符合情理的解决方法,同时也是为了平息纷争的事实而使用的解决方法。从制度架构来看,若当事者接受了裁判结果,则就可以证明裁判者的正当性。所以,遵依结状是裁判正当性的证明,同时也是实现正义的证明。而民事裁判这种解决办法实际上根植于社会生活之中,与社会生活紧密相连。社会中人们的日常交际本身也是如此,与眼前的对手讨价还价,双方都在探寻何处为止争点,以此达到双方利益的均衡。当流动停滞之时,当事人之外的第三人介入其中消除瘀滞,恢复流动。这正是民事裁判所具有的社会功用。[1]所以从这个角度来说,若双方提交了遵依结状则表示通过地方官这个第三人的介入使得一度停止的一部分社会生活或双方关系恢复如前,其更是一种不可或缺的证明。

两位先生从民事裁判的性质出发,解释了遵依结状在其中的位置和意义。无论是从形成为人们之间的共同认识的角度,还是在妥协中平息纠纷,实现正义以及恢复社会生活流动的角度来理解民事裁判,由于民事裁判调停而非判决性质,决定了当事人是最终解决方法的参与者,而非旁观者。没有当事人的参与就无所谓共同认识,也就无所谓纠纷的平息,更无所谓正义的实现。同样基于该原因,民事裁判若欲实现以上结果,其前提是当事人的接受,否则双方因利益之争而陷入对峙状态就不可能被消解。而遵依结状正是当事人接受裁判结果的证明。

从功能主义的角度来说,民事裁判的目的并不在于使地

---

[1] [日]寺田浩明:《中国法制史》,东京大学出版会2018年版,第205页。

方官作出判断，也不在于向当事人宣示判断结果，因为即便如此，只要当事人不接受，则民事裁判的功用完全无法实现。所以，由官府主导的作宣示判决之用的判决文书存在与否显得不再重要，因为单方面的宣示结果，并不意味着纠纷得到解决、裁判的功能得以实现。而遵依结状的提交才意味着结果为当事人所接受，证明了民事裁判功能的实现。

以上从民事裁判的性质和功能出发，分析了遵依结状之于民事裁判的意义。概括而言，遵依结状存在的意义主要在于证明性，证明当事人共同认识的形成，以及证明纠纷的解决等。本章第二部分中曾得出遵依结状并非民事裁判必要文书的结论。具有证明属性的遵依结状却并非必要文书，那么是否意味着民事裁判并不以取得遵依结状作为证明为必要，或者意味着并不以当事人表示接受解决结果为必要？从另外一个角度而言，若以上皆不必要，则如何来衡量民事裁判的效果？

如前所述，清代的民事裁判并非存在具有约束力的第三者的判定，而是教谕的调停。此过程中，当事人保留是否接受经过讨论的具有一定公正性的调停结果的权利，最终处理结果的形成不能缺少当事人的同意和接受。若地方官作出了判断，双方通过遵依结状表示接受，对于地方官而言，当然可以说是完美的结局。若地方官作出了判断，但双方或一方当事人不予接受，地方官则继续努力。一方面是努力吸收当事人的合理抗辩，在断的内容上下更大的功夫；另一方面则是劝说或施压当事人，使其接受合理的断。在两方面动作的共同作用下，大多数的案件都可以取得遵依结状并告解决的结果。[1]无论是通过一次庭审就取得遵依结状的完美结局,还是经过多次才获得当事人接受的努力结果,可以说两者都是暂时性的。因为无论处于以上何种情况,当事人都有权反悔而绝不承认之前的解决结果,反悔或拒绝接受则可以再次提起诉讼。

滋贺先生曾反复地指出,清代的裁判并不存在"确定""一事不再理"这样的观念。即便地方官已经下达了堂谕,当事人也提交了遵依结状,纠纷业已得到了解决,但对于既判事项而言,并不产生不允许再究问的效力。换言之,当事人仍可重新提起诉讼。[2]既可以向原审衙门提诉,[3]也可以直接向上级衙门提诉。虽然这些衙门可能会以已经提交了遵依结状为理由而首先拒绝作为通常的应对方法,但若当事人仍执着地表达不满的话,地方官可能会认为的确存在"未尽之情",进而受理诉讼进行再审。[4]所以,遵依结状的存在并不构成对再诉讼的障碍。此外,在当时也没有所谓诉讼时效的规定,当事人可以在任何时候再次提诉,被奉为民之父母的州县官员,对于其治下子民的申冤在任何时候都不能以超过期限理由拒绝。时间和曾经的承诺都不能成为抗辩的理由。从另外一个角度而言,

---

[1] [日]滋贺秀三:《清代の民事裁判について》,载滋贺秀三:《続·清代中国の法と裁判》,创文社2009年版,第173页。

[2] 同上注,第174页。

[3] 可能出于对新任官推翻以往裁断结果的机会更大等因素的考虑,当时当事人趁地方官交替之际而发起再诉讼的情况颇多。滋贺先生指出,在前任的地方官面前遵依者,而当该地方官转任他地后,在新任地方官面前翻供的例子,以及在下级衙门已经写下了遵结者又向上级上诉的例子都不胜枚举。参见[日]滋贺秀三:《清代中国の法と裁判》,创文社1984年版,第187页。

[4] [日]寺田浩明:《中国法制史》,东京大学出版会2018年版,第186—187页。

清代的民事裁判中，官员的裁断并不具有绝对阻断纷争的能力，与之相对的是当事人被赋予相当大的选择余地。[1]

另外，遵依结状的存在也并不意味着裁断结果可以得到实际执行。即便当事人提交了遵依结状，表示接受了裁断结果，并将其作为自己的行动基准，但是否实际执行遵依结状中的承诺，则决定于当事人，而非地方官。若当事人不履行，地方官也无可奈何。[2]在清代的民事裁判制度中，地方官基本上不具备迫使当事人执行裁断结果的手段，更不存在今天诉讼程序中的强制执行程序。[3]因此即便存在遵依结状这样的书面承诺，也不意味着裁断结果最终会真正地得到执行。若地方要求或催促执行，当事人仍可以通过再诉讼的方式予以阻断。所以遵结中的承诺，没有对当事人构成实质性的约束，无法成为履行承诺的保证，当然也没有阻断再诉讼发生的效力。

综上而言，遵依结状的提交在某种程度上意味着诉讼的终结，但因为清代诉讼制度中并不存在一事不再理的原则，所以这种终结只能说是暂时性的终结。若日后当事人推翻抑或不愿继续接受当时形成的裁断结果，随时可以进行再诉讼，遵依结状的存在并不能对此构成阻碍。此外，遵依结状的存在也并不意味着必须按照其中的承诺实际执

---

[1] 同上注，第192—193页。
[2] [日]寺田浩明:《清代民事司法論における"裁判"と"調停"——フィリップ・ホアン（Philip C. C. Huang）氏の近業に寄せて》，载《中国史学》第5卷，1995年10月，第199页。
[3] 滋贺先生认为，清代民事裁判中仅存在体罚或者限制人身自由等间接强制手段，而且总体上这些手段是非常不完备的。[日]滋贺秀三:《清代中国の法と裁判》，创文社1984年版，第226页。

行裁判结果。所以,若基于当事人的立场,其对提交遵依结状一事可能既不会积极作为,亦不会消极抗拒。其最终是否提交遵依结状,可能很大程度上受到地方官态度的影响。若地方官十分强调遵依结状的提交,则当事人一方可能也会配合。若地方官并不积极主张,当事人可能也会怠于提交遵依结状。[1]至于地方官对取得遵依结状的态度,已经在前文中做过充分讨论。

---

〔1〕 前文中提到过,档案中大部分的遵依结状上都有代书的戳记,说明这些遵依结状由代书完成或缮写,而当事人需为此支付一定的费用。所以,从经济的角度来说,若地方官并不积极地要求取得遵依结状,当事人一方提交遵依结状的意愿可能不高。

第五章　判决书的变化
——从招由到遵依结状

在之前的四章中，按照裁判展开的时间顺序，对起诉阶段的词状，召唤阶段的令状与复命书，以及法庭审理阶段的供述记录与堂谕，直至当事人所提交的遵依结状等清代州县裁判中出现的主要文书类型进行了较为全面的解析。但不难发现，诉讼程序中一种十分重要的文书即判决书并没有出现在上述讨论中。虽然作为誓约书的遵依结状被认为兼具判决书功能，但其并非真正意义上的判决书。并且如前所述遵依结状亦非民事裁判中的必要文书。换言之，清代的民事裁判中并不存在真正的判决书。为何判决书消失于清代民事裁判中？判决书的消失又经历怎样的过程？就文书本身而言，判决书作为裁判的终局性文书，其中既展现了事实认定过程，又揭示了裁判结果，甚至说整个裁判过程被微缩于其中亦不为过，透过判决书的变化亦可观察到明清时期民事裁判的变化，从而丰富对明清民事裁判的理解。综合以上原因，有必要对明清时期的裁决文书先予以全面的梳理和解析。

明清时期的民事裁判中曾出现过三种形态的判决书，即明代中后期所适用的招由、清代前期所适用的审单以及清代中期以后所适用的遵依结状，明清时期的判决书经历了逐渐简化直至消失的变化过程。

一、明清时期判决书的形态

(一)招由

明代中期以后,民事案件中处较重刑罚(即杖刑)之案件的判决文书基本定型于招由文书。下面首先以一份万历十年(1582年)的文书为例来一窥招由的全貌:

一问得。一名谢世济,年四十岁,直隶徽州府祁门县西都民。状招,世济有故叔谢濬,将土名徐八下坞荒田卖与今在官谢寿春故父谢佩为业,召佃人洪曾得耕种造屋住歇。今寿春家贫,凭在官谢显佑为中,将前田并庄屋卖与谢敦为业。世济思得前田是叔谢濬原业,恨敦不邀作中,常怀念恨。因见旧年奉例清丈,蒙县金今在官谢大义为公副,同公正今在官李振儒同丈本都田地。世济却不合拴串今在官谢荣生、世芳商议,大义见充公副丈田,里长又系伊户,我等将各家承祖至今买卖田地、火佃基屋契字一查。倘有分籍不填册内,一齐赴告。谢荣生、世芳自合将契查对册籍为当。各不合不查虚实,遂捏大义冒占坑郡坑、梨本坞等处田地,比世芳虚捏虎里谢显佑占骗庄基,世济亦捏公副压占徐八下坞庄地等情,各具状赴县主爷爷告准。行拘间,又据谢敦、谢大义等各具状诉,俱蒙准理,行拘一干人犯到官,二家各执契文,互相异议。随行委老人叶兴衍、王应第将二家契约查对明白,回称郡坑、吴坑庄基火佃,谢敦买谢道蕴、世彦分籍,荣生尚存住前山地。荣生兄宜生买谢鐄分籍,谢敦尚存梨木坞，系生员谢诰买谢惜保山地。鲍家坞系谢敦买李仲义山地。徐八下坞系敦买寿春田地等情到县。复将人犯复审得，郡坑、吴坑火佃基屋，谢敦未没，荣生分籍住前山、梨木坞等处田地，各照金业买契管业。徐捌下坞，敦买寿春田，佃人租造屋住，传业年久。及查鱼鳞册载前项田地，俱照各业注名，并无大义名目。岂有冒占之情。又审得，万历七年道蕴因欠钱粮，将庄基七所卖与谢敦，价银完官，经今三年，谢显佑今年方充里役，何有勒骗之理。本当重惩，姑念谢姓一脉，不失敦睦之义，将世济等量拟不应，以儆将来。今蒙取问，实招罪犯。

一议得。谢世济、谢荣生、谢世芳所犯，俱合依不应得为而为之事理重者律，各杖捌拾。俱有大诰减等，各杖柒拾。俱民，审谢世芳无力，依律的决。谢世济、谢荣生俱稍有力，照例折纳工价。

一照出。谢世济、谢荣生、谢世芳、谢寿春、谢显佑、谢敦、谢大义各告纸壹分，共银壹两柒钱伍分，谢世魁、世英各民纸银壹钱贰分伍厘，谢世济、谢荣生各工价银壹两三钱伍分。[1]

招由文书基本上由问得、议得和照出三部分构成。问得部分大体依照以下形式展开：以"状招"或"状供"开始的是以当事人为主体的案情叙述；"审得""看得"或"研审得"等词语的出现则提示之后将是地方官的判断；问得部分最后通常是当事人罪状自认的表述，如"今蒙取问，

---

[1] 该文书原件藏于中国社会科学院历史研究所，所藏编号为2438500。

实招罪犯"或"今蒙取供,所供是实"等。问得部分的核心内容来自审理记录,即"问官口词"。[1]

招由文书的制作须遵守"招不离审"的要求。[2]即招由必须与问官口词一致。因为问官口词中载明的是经过地方官确认过的案件事实及裁判的结果,是具有原始记录性质的文书,所以制作判决书必须以之为根据。考虑到问官口词内容可能相对比较简略,所以书吏可以发挥文字功夫,对问官口词内容适当的展开,但不能偏离问官口词的原意。不过从实际文书来看,问官口词被一字不差地照搬入招由的情况并不少见。简而言之,以当事人之口道出地方官已经认定的事实和结果,使之成为当事人自认之语就是问得部分的内容。[3]

---

[1] 关于问官口词,已经在第三章中有过介绍。问官口词的内容中包括了地方官对案件事实的认定,以及裁断结果,即叙案与裁断。问官口词又常被称为"审语""看语""参语"等。

[2] (明)佘自强:《治谱》(卷四)词讼门,"招审之辨":"审者,问官口词审语也。招者,招书据问官口词,衍之而为犯人自招之语,如一问得某某不合之类是也。""故凡审语既定,须令招书照依审语节节衍长,虽文可衍而意则不可改,故曰招不离审也。"见杨一凡主编:《历代珍稀司法文献》(第二册),社会科学文献出版社2012年版,第560—561页。

[3] 并非所有当事人的供述都出现在判决书中,当具有多个当事人时,则确定"招首"一人,招由中只需详细记录招首的供述以及认罪内容,其他人的供述只是简单的"与招首相同"表示即可,其也被称为"小招"。如明代裁判文书中的一例小招,"一名郑维明,年伍拾捌岁,本县拾伍都一图军籍,供与许多保同。"确定招首的一般原则是以罪重者为招首,如《未信编》提到,"串招须照定例,一人为招首……军民相等之人共犯,罪重者为首,通将各人事情招出。"见《官箴书集成》(第三册),黄山书社1997年版,第86页。此外,若案件中存在特殊身份者,如官员等,则通常以其为招首,如《治谱》中记载,"除重情大招外,有诸色目不等人总一招者,以或官或吏为招头,招书皆知之,兹不赘。"见杨一凡主编:《历代珍稀司法文献》(第二册),社会科学文献出版社2012年版,第590页。

问得之后是议得和照出。引律断罪以及执行是议得部分的主要内容。例如，在上述案例的议得部分中，出现了对有罪者的处刑，以及以赎刑替代的执行等内容。此外，对无罪者的处置，如"免拟""发落宁家"也体现在议得中。在议得之后是照出，"照出"二字，取"照出者，如火之照物"之意。[1]如果说议得部分是对人的处置的话，那么照出部分则要说明如何处置物品，如常见的领回尸体、废弃伪造契约、没收赃物。诉讼费用也须在照出部分说明，如该例中"告纸银""民纸银"，皆指诉讼费用。

招由不仅是民事裁判判决书所适用的文书形式，同时亦是命盗重案审理报告书所适用的书式。对于命盗重案，州县衙门完成初审后须将初审结果以"申文"或"详文"的形式报告至上级官厅，由其完成复审并作出最终裁决。所上报文书中最重要的莫过于对整个审理过程的记录，主要包括对案件事实的呈现，以及州县官对案件作出的初步判断，这类文书被简称为审理报告书。[2]审理报告书采用招由形式的历史可以追溯至明初的洪武时期。[3]

招由在明代具有两种性质，其既是民事案件判决书所适用的文书形式，又是复审案件中的审理报告书所适用的文书形式。进入清代以后情况出现了变化。作为审理报告

---

[1]（清）潘杓灿：《未信编》，"释举照"。见《官箴书集成》（第三册），黄山书社1997年版，第88—89页。

[2] 对于作为审理报告书的招由的解读，见[日]谷井阳子：《做招から叙供へ——明清时代における審理記録の形式》，载《中国明清档案の研究》科研费报告书，京都大学大学院文学研究科东洋史研究室2000年版，第57—86页。此外，辽宁省档案馆、辽宁省社会科学院历史所编的《明代辽东档案汇编》（辽沈书社，1985年）中收集整理了明代辽东地区裁判文书，招由形式审理报告的文书实例可参见该书。

[3] 同上注，第63页。

的招由在清代前期的部分案件中仍得到沿用，但在清代中期以后，"问得—议得—照出"的结构基本不再被用于审理报告。虽然审理报告的内容并无实质性变化，叙案和看拟仍是其核心部分，但叙案的方式却发生了较为明显的变化。如前所述，招由采用的是以招首为中心叙述已整理好的事实的叙案方式。而清代中期以后，叙案中包括了所有当事人的供述，并且在表达方式上也倾向于口语化，突出当事人供述的核心位置，目的在于最大限度地保持客观性，前文中曾详细地讨论过清代的供述记录方式，这里不再赘述。

  作为民事案件判决书的招由则更早地消失在清代司法的视野中，招由在清代的消失经历了一个渐进的过程。清代中期以后，招由不再是民事案件的判决书。数量丰富的民事案件档案中几乎不存在招由，为此提供了最为直观的证明。并且可以作为佐证的是官箴中也鲜少记载招由相关内容。而清代前期的情况则稍显复杂。虽然档案中同样几乎不见招由，但由于清代前期所遗存之档案数量有限，证据的不充分性导致难以直接否定招由的存在。并且在当时的官箴中仍可见关于招由的记载，甚至有些史料中还将招由视为必要的存卷文书。[1]虽然从档案与官箴两类史料中得出的答案并不一致，但结合史料本身的属性可作如下思考：因为官箴记载多为应然或理想的状态，所以至少在制度表达层面，招由本应适用于民事案件，而档案中不见招由，则是因为在实际裁判中应然的

---

[1] 康熙时期两部著名官箴书《未信编》和《福惠全书》中都将招由视为必要的存卷文书。两部官箴中对招由文书的认识几乎与明代没有差异，并且基本上复制于明代官箴《治谱》。见《官箴书集成》（第三册），黄山书社1997年版，第89、358页。

状态普遍未被实现。不过，至少可以确认的是，在清代前期以招由为判决书已经并非绝对和必要。当然，更确切的答案可能有待于日后发现更多的清前期裁判文书。

（二）审单

虽然清代前期民事诉讼档案中几乎不见招由，但却出现了另外一种与招由性质相似的文书——审单。从外观上看，审单是单独一纸的文书，[1]通常使用事先印好的"正堂审单"、"正堂审语"或者"某某县审单"等字样的专门用纸，[2]也有直接使用白纸制作审单的情况。地方官对案件事实的认定以及给出的裁断结果，是审单的主要内容。下面来看一份康熙年间审单文书的实例：[3]

> 祁门县正堂何审得，李梦鲤，李、吴二姓之庄仆也。有李开甲丁李应明与吴自祥甲丁朱宗泰有共业坟基一所，于上年十二月出卖与梦鲤，得价拾贰两，各分其半。梦鲤已经卜吉窆亲讫。缘徽俗旧例：仆居主屋，种主田，窆主山，则世世服役而莫

---

[1] 审单一般情况下都是由书吏作成。但在部分史料中提及了一种名为"亲笔审单"的文书，所谓亲笔是指由地方官在审判之时亲自将裁断结果呈现于书面，是审理记录的一种形式，审理结束后经书吏誊写后成为审单。但亲笔审单并非存在于所有裁判中，因为地方官仅口头宣布裁判结果的情况并不少见，所以提到审单，仍多指由书吏誊写，或根据地方官口述判决结果而作成的文书。

[2] 审单的文书实例可参照，康熙五十八年的"正堂审单"。见王钰欣、周绍泉主编：《徽州千年契约文书（清·民国编）》（卷一），花山文艺出版社1993年版，第181页；康熙五十五年的"正堂审语"。同书，第175页；雍正十年的"休宁县审单"。同书，第256页。

[3] 王钰欣、周绍泉主编：《徽州千年契约文书（清·民国编）》（卷一），花山文艺出版社1993年版，第76页。

之有违。梦鲤身事二主,即当俛首两大,乃不告于吴,竟买山自莝,致自祥疑其有背主之心。梦鲤遂有退业之鸣,讯据应明、宗泰已衰老待毙,力不能赎。梦鲤已莝经半载,法无断迁相应,照契管业,毋容旁挠。仍著梦鲤赴吴门荆请,以谢不告之罪。自祥既有主道,亦宜共相抚恤,毋得偏护宗泰,膜视梦鲤,则两得其平矣。免供存案。

从该例可以看出,相较于招由,审单的内容和形式都较为简单,其中仅载有地方官所作出的事实认定与裁判结果,当事人的供述以及引律拟罪的部分皆消失不见,因此可以将审单看作"简化版的招由"。消失不见的两部分内容恰是区别审单与招由两种判决书的关键,更是理解两个时期民事裁判不同特征的关键。

供述内容的消失,是"免供"指示下的结果。在明代州县裁判中,"取供"经常出现在庭审记录(即问官口词)的最后,意为指示书吏根据庭审记录制作供述书,以及接下来制作判决书。而"免供"则与"取供"相对应,为无须制作判决书之意。在审单的最后经常会出现"免供存案""免供逐出,结案"这样的内容。而"免供"与"存案""结案"的同时出现,则意味着无须另行制作判决书。换言之,在"免供"情形下,无须另行制作判决书,直接将审单作为判决书存入档案即可。[1]

---

[1] 在清代前期,以审单存案的例子并不少见,如康熙五十五年一件土地纠纷案中,案卷中包括三张文书,一张原告的禀状和一张被告的诉状以及一张"正堂审语",即审单。见王钰欣、周绍泉主编:《徽州千年契约文书(清·民国编)》(卷一),花山文艺出版社1993年版,第174—175页。

免供的做法通常适用于情节轻微且基本不涉刑罚的案件。清初官箴中不乏对于轻案应予以免供的记载，如《政学录》中就提到，"问刑者审系轻小事情，便与发落，不必取供问罪，止将原词立案而已。"[1]对"审无重情"的小事予以"免供"，是当时受到鼓励和推赏的结案方式。如陈宏谋就曾说，"审无重情，免供逐出，一事算一功"。[2]免供的做法在明代就已经存在。对于轻案，官府无须制作供述书，更无须制作判决书，而是直接将当事人所提交的词状以及和息供词组合在一起作为判决书存案即可。明代官箴《璞山蒋公政训》中就曾直言，"其户婚田土斗殴等事，正该杖罪以下者，每人要他一样状三张，归一供词三张……比做招省力万倍"。[3]将当事人提交的文书组合在一起作为判决书，地方官仅是通过简单的批表示自己的意见（通常仅是批"准"字表示同意），的确是比制作招由文书省时省力。可以说对于轻案可以在文书程序上予以简化的做法在清代得到沿用。

除了供述部分，引律断罪的内容也从判决书中消失。引律断罪内容的消失，同样是基于案件情节轻微而无须处罚的原因。如前所述，免供一般适用在不处刑罚的案件中，因为不涉刑罚，所以自然不会出现引律断罪的内容。同时应注意到的是，判决笞杖之罚在清代的民事裁判中并

[1]（清）郑端：《政学录》，"小事不宜轻问罪"。见《官箴书集成》（第二册），黄山书社1997年版，第329页。
[2]（清）陈宏谋：《从政遗规》（卷下），"功过格"。见《官箴书集成》（第四册），黄山书社1997年版，第266页。
[3]（明）蒋廷璧：《璞山蒋公政训》治体类，"清词状"。见《历代珍稀司法文献》（第二册），社会科学文献出版社2012年版，第516页。

不少见，但却鲜少看到就笞杖刑引律的情况。对此，滋贺秀三认为，民事裁判中的笞杖刑通常被视为一种体罚，而非法定的刑罚。作为民之父母的地方长官，被赋予了对其治下百姓的轻微作恶行为处一定限度体罚的权限，如打几下屁股等，这种程度的惩罚不能被视为正式的刑罚，因此也就没有必要为此寻找法律依据，即没有引用律例的必要。[1]

以审单为判决书，意味着免供条件的出现，即案情轻微而无须处刑。而审单的广泛使用则意味着免供的普遍化以及非处刑的普遍化。换言之，清代前期以审单为民事案件的判决书，意味着出现了民事案件普遍被视为轻案而不处刑罚的倾向。从招由到审单，民事案件的判决书逐渐简化，从形式内容相对完备的招由，简化至仅载有裁判结果的审单，而简化的进程并未就此终止。清代中期以后审单开始逐渐消失，[2]这意味着由官府制作的单独一纸的判决书不复存在，随之登场的是另外一种变通形式的判决书，即遵依结状。

（三）遵依结状

在第四章中曾对遵依结状进行过讨论，遵依结状在本质上是以遵守裁断为内容的誓约书，同时兼具判决书的功

---

[1] [日]滋贺秀三:《続・清代中国の法と裁判》，创文社2009年版，第16—17页。
[2] 审单集中出现在清代前期。虽然审单在明代后期已经出现，但数量十分有限。清代中后期的诉讼档案数量百倍于清代前期，但其中却几乎未见审单。此外，从官箴的视角来看，清代前期官箴中仍有审单相关的内容，如前述《未信编》和《福惠全书》中都将审单视为必要的存卷文书，但清代中期以后的官箴中则鲜少出现关于审单的记载。

能。虽然令当事人提交誓约书的做法在明代既有之，但当时此要求只限于必要的复审案件。而遵依结状的出现则意味着誓约书的适用范围在清代已经扩展至民事案件。若从另外一个角度考虑，遵依结状出现在民事案件中，可能因为其并不仅是誓约书，而是与其兼具了判决书的功能有关。

大体上从乾隆时期开始遵依结状兼具判决书功能的性质开始显现。随着审单的消失，呈现裁判结果的遵依结状逐渐承担起判决书的功能。从历史脉络来看，审单与遵依结状曾于清代前期并存。彼时审单作为判决书，遵依结状则主要体现誓约书的属性。但进入乾隆期以后，审单逐渐消失，这就意味着遵依结状成为唯一一种记录裁判结果的独立文书，所以说遵依结状从此时开始承担起判决书的功能。如前所述，遵依结状中所记载的裁判结果来自堂谕，而堂谕是指地方官对案件作出的实质性的裁断。在遵依结状中复述堂谕并表示遵守，则意味着裁断为所有人所接受和认同，由此争议不复存在，纷争就此结束。

随着审单的消失，遵依结状成为唯一揭示判决结果的独立文书。[1]从功能主义的角度来看，可以说遵依结状具有判决书的功能。判决书的主要作用是揭示并向当事人传递裁判结果，而以当事人接受和承服于裁判结果为内容的遵依结状无疑具有这样的功能。遵依结状与前述两种判决书——招由和审单，都是揭示裁判结果的独立文书，因此都属于普遍意义上的判决书。但差异之处在于，后两者以官府名义制作和出具，是以官宪为主导或者说立足于官府视角，将裁断结果书面化后用以向当事人宣示。而遵依结

---

[1] 虽然堂谕中也包括裁判结果的内容，但如前所述，堂谕并非单独的一纸文书。

状则来自当事人，是以当事人为主导，通过复述堂谕的方式将裁断结果书面化。

此外，还可以从"免供"的视角理解遵依结状的判决书功能。如前述官箴中"逐出免供，取具遵依立案""取遵依附查，免供立案"等判语，其意为无须制作判决书，将遵依结状存案即可。而"免供"与"取遵依"总是同时出现则可能意味着遵依结状的取得与免供存在一定关联，可以推断在免供之时以遵依结状代为实现判决书的功能是一种可能。对于可以免供的轻案，以遵依结状来实现判决书功能，这样简化轻案文书程序的处理方式得到当时中央司法机构刑部的肯定，乾隆十年（1745年）刑部的一件议复中提到，"嗣后凡有控词肆意刁告者，必究出讼师。审明确情，分别按拟。如罪止枷责者，取具该犯自新甘结……"[1]。若仅处枷号的责罚，无须引律拟罪，只取得遵依结状即可。从刑部的态度不难推知，此后对轻案仅取得遵依结状而不再制作判决书的做法将普遍化。可以作为印证的正是从乾隆时期开始，司法档案中大量地出现了遵依结状。

遵依结状于清代登场，其本质上是一种誓约文书。从乾隆期开始遵依结状被普遍适用，并兼具起判决书的功能。但如前所述，遵依结状并非必要文书，因此可以说在清代中期以后判决书不再是民事裁判中的必要文书。

二、判决书与民事裁判的变化

明清时期的民事裁判中出现了三种形态的判决书，并

---

[1]《湖南省例成案》，东京大学东洋文化研究所藏刊本。

经历了严格意义上的判决书逐渐简化直至消失的过程。明代中后期的招由文书，具有固定的内容和结构以及严格的书式要求。从文书标准上说，当时民事案件判决书被要求达到审理报告的标准。进入清代以后，判决书出现简化的倾向，成为仅载有裁判结果的审单，可以说是简化版的招由。在免供的情形下，审单成为民事案件的判决书。而审单在清代前期的广泛适用，则意味着民事案件普遍被视为无重情的小事而予以免供并不处刑罚。进入清代中期以后，招由和审单这样的独立判决书开始从民事案件中消失，官府也不再制作任何形式的判决书，而是以当事人提交的遵依结状来实现判决书的功能，判决书进一步被简化。又鉴于遵依结状并非必要的裁判文书，所以可以说判决书已在民事裁判中呈消失之势。

裁判文书是裁判过程的记录与裁判实态的反映。作为最重要的一种裁判文书，判决书于明清之际所发生的变化，正是民事裁判本身趋于简化的反映。相较于明代，清代国家对民事裁判的要求逐渐降低，对民事裁判采取放任态度。在明代"免供"只适用于情节轻微的案件，对处笞杖刑的民事裁判则要求较为严格。至少当时处笞杖刑的案件与刑事性较强的上申案件在文书标准上相同。但在清代前期，地方官几乎将"免供"适用在所有民事案件中，官府基本上不再为民事案件制作判决书，引律拟罪的内容也从文书中消失。进入清代中期以后，制作判决书的要求从民事裁判程序中被免除，民事裁判进一步简化的趋势由此一目了然。而上述过程正是国家进一步降低对民事裁判的监督要求，更加放任民事裁判态度的反映。民事裁判简化受到多种因素的影响,在下一部分中笔者将对影响因素展开具体讨论。但在讨论外部因素所带来的影响之前,有必要先从民事裁判性质本身来剖析简化的原因。

如前所述,滋贺先生认为清代的民事裁判在本质上是教谕的调解。具有民之父母性质的地方官通过教谕使得双方形成统一的事实认识,而使争讼得以平息是民事裁判的根本目标。在这样的活动中,并不存在严格依照某种超人格或无个性的规则的必要。[1]换言之,严格依据律文并非民事裁判的必要。[2]而无论是判决书的简化及其所反映出的民事裁判的简化,都受到上述民事裁判性质的影响。为平息纠纷而实行的轻微惩戒仅是一种调解的手段而并非刑罚,引律断罪则无必要也无可能。所以,对于官府而言,其没有必要为纠纷的调解活动制作判决书这样的文书,但若双方当事人愿意以和息状等文书形式呈现并记录和解的结果,官府也并不排斥。因为民事裁判是以帮助双方形成共识,而非以作为第三者判定胜败为目的。上述所有因素,都决定了制作判决书程序的非必要性,决定了民事裁判简化的趋势。

---

〔1〕 [日]滋贺秀三:《清代诉讼制度之民事法源的考察——作为法源的习惯》,载[日]滋贺秀三等:《明清时期的民事审判与民间契约》,王亚新、梁治平编,法律出版社1998年版,第74页。

〔2〕 实际上大清律例中可供解决民事纠纷,调整私人间利益的条文不仅数量很少而且缺乏体系性,国家并无意愿发展私法性质的规则。参见上注《清代诉讼制度之民事法源的考察——作为法源的习惯》,第13、74页。从判决书来看,明代民事裁判中处较重刑案件(杖刑)基本上都引用了律文,但不同的地方官针对不同类型的案件,在引律上却呈现惊人的一致,他们几乎全部引用了"不应为"条,即"不应为而为之,事理重者杖八十"。由此足见地方官在适用法律方面比较随意。因为民事案件非复审案件,一般不会与上级发生联系,所以地方官可能不会十分在意适用律例的精准与否。另外也可能是民事规则数量有限,导致地方官可能难以寻找合适的法律依据,所以只能适用这样的"万能"条款。

三、明清时期民事裁判变化的原因

作为民事裁判趋于简化的一种反映,明清时期民事案件的判决文书经历了逐渐简化直至消失的过程。而民事裁判的变化又是由多种原因直接或间接所造成。裁判作为一种社会治理方式,直接受到国家治理态度的影响。国家在不同治理方式之间的平衡与选择,势必对裁判制度产生影响。此外,相关职官制度的变革,以及诉讼制度的变化,也都是导致民事裁判变化的影响因素。

(一)国家治理态度的变化

裁判与乡治作为重要的地方治理手段,是国家在民间纠纷解决和社会秩序维护上的重要选项。但在不同历史条件下国家的倾向有所不同,其直接影响到这两种治理方式的实施效果。所以国家治理态度的变化是导致民事裁判变化的直接因素之一。

明代前期推崇在乡治体系中解决民间纠纷,乡村裁判在地方治理中占据重要地位。洪武时期确立了里老裁判制度,要求户婚田土斗殴等民间小事必须先经里老处断。作为明初重要立法的《教民榜文》,在开篇就明确了里老裁判的地位,"民间户婚田土斗殴相争一切小事,不许辄便告官,务要经本管里甲、老人理断。若不经由者,不问虚实,先将告人杖断六十,仍发回里甲、老人理断。"[1]民事案件

---

[1]《教民榜文》,见杨一凡点校:《皇明制书》(第二册),社会科学文献出版社2013年版,第725页。《教民榜文》收录于《皇明制书》十四卷本,该版本有嘉靖刻本以及万历刻本,杨一凡先生以国家图书馆所藏嘉靖刻本为底本进行整理和点校。

以及轻微刑事案件必须先告于里老,由里老进行裁断。若不经里老而直接向州县衙门提诉,则被罚杖六十还要被发回,继续由里老断处。立法将里老裁判置于州县裁判之前,成为司法的一环。

与积极肯定乡村裁判形成鲜明对比的是国家对于州县裁判的消极态度。明太祖曾言,"……此诰一出,尔高年有德耆民及年壮豪杰者,助朕安尔良民。若靠有司辨民曲直,十九年来未见其人……"[1]在其看来地方官根本没有能力解决民间纠纷。此外,明初时期还积极推行官吏不下乡政策,其目的是减少地方衙门与老百姓的接触。国家在乡村裁判与州县裁判间的倾向由此一目了然。

进入明中期以后,即15世纪中叶以后,国家的态度出现转变,开始鼓励地方官参与到民间纠纷的解决中。[2]并通过强化监督等方式促使州县裁判在社会治理中承担更多责任。[3]在成化年间,中央司法机构刑部就曾表示,"今后有告争户婚、田土、军政、斗殴、赃私事情,具有文卷可查,众证明白,不许委之里老保勘,即与提人吊卷,躬亲

---

[1]《御制大诰三编》,"民拿害民该吏"。见杨一凡:《明大诰研究》,江苏人民出版社1988年版,第408页。该版本《御制大诰三编》为杨一凡先生以清华大学图书馆所藏版本为底本点校。

[2] 成化年的史料中已经出现了对于里老参与诉讼的指责之声,应由地方官直接审理诉讼的建议也得到了朝廷的支持。见《明代乡村纠纷与秩序——以徽州文书为中心》,江苏人民出版社2012年版,第138—139页。

[3] [日]谷井阳子:《明代裁判機構の内部統制》,载梅原郁编:《前近代中国の刑罰》,京都大学人文科学研究所1996年版,第427—428页。

问理,照依见行事例发落……"〔1〕明确要求地方官必须亲自审理民事案件而不能委任于里老。

此外,从监督的角度亦可观察到国家重视州县裁判的态度。从成化、弘治年间开始,中央通过加强巡按御史在外监察官巡回等方式,强化了对州县衙门监督,其目的是实现对全国范围内裁判的统一管理,积极地将地方裁判置于国家的管理之下。〔2〕

国家从推崇乡治到倚重州县裁判的态度转变,受到经济社会条件等客观因素变化的影响,其中城镇化和商业化两方面的影响尤为显著。大体上从16世纪开始,随着大量白银的流入,货币经济和市场经济得到快速发展,商业化和城镇化程度随之提高。农业人口开始向城镇流动,原本封闭性较强的乡村社会格局被逐渐打破,导致农民与乡村组织的联系变弱,进而导致里甲这样乡治单位的功能逐渐丧失。〔3〕同时,定居于城镇的人们有更多机会接触到作为上级权威的官府,所以将纠纷诉讼至州县衙门就成为更为便利的选择,州县裁判因此逐渐成为纠纷解决的主要途径。

---

〔1〕《皇明条法事类纂》(卷三十八·刑部类),"在外问刑衙门官员务要亲理词讼不许辄委里老人等保勘例"。见刘海年、杨一凡总主编:《中国珍稀法律典籍集成》(第六册),科学出版社1994年版,第517—519页。其中《皇明条法事类纂》由杨一凡、齐钧根据东京大学综合图书馆所藏孤本点校。

〔2〕[日]谷井阳子:《明代裁判機構の内部統制》,载梅原郁编:《前近代中国の刑罰》,京都大学人文科学研究所1996年版,第413页。

〔3〕[加]卜正民:《明代的社会与国家》,陈时龙译,商务印书馆2014年版,第56页。此外,夫马进先生在对讼师秘本的考察中也曾提到,当时经常出现里长告甲首而甲首则控诉里长,以及小户受豪户欺负后要求设置新里甲的事例,都反映了嘉靖至万历年间里甲制已处于崩溃状态,对于乡村社会秩序已经难以发挥作用,诉讼至州县衙门的案件急剧增加。见杨一凡、[日]寺田浩明主编:《日本学者中国法制史论著选·明清卷》,中华书局2016年版,第402—403页。

商业化和城镇化的发展导致大量纠纷无法在乡治体系内得到解决,所以国家不得不及时地调整地方治理方式。无论是强调州县衙门必须亲自问理词讼,还是通过加强监督的方式表示对州县裁判的重视,都可以看到国家在对州县裁判的管理上表现出比以往更为积极的态度。其根本目的都是通过州县衙门保持对地方社会的影响与管控,弥补乡治所遗留的治理空白。以州县裁判为地方治理核心的意图不可谓不明显。国家重视州县裁判的态度直接影响了民事裁判,明中期以后民事裁判的判决书要求达到审理报告书的标准,正是国家态度变化于裁判末端的反映。[1]

清入关以后,在一定程度上效仿了明初的政策,重视乡治在地方治理中的作用。国家强调教化的作用,积极通过乡村组织进行法律的解释宣传。[2]清代国家同时重视民间调解在纠纷解决中的作用,诉讼内外的乡里调解都得到肯定与支持。[3]对于通过裁判解决地方纠纷,清代国家并未表现出如明代中后期那样积极的态度,反而是对民事裁判采取了更为放任的态度,对以裁判文书为代表的民事裁判程序的要求呈降低趋势正是例证之一。

清代国家对民事裁判采取放任态度,受到多种因素的影响。首先,与清代统治者的异民族身份有关。缓解民

---

[1] 这里有必要简单地对明代前期民事裁判的情况予以说明。里老裁判在明代前期基本上得到贯彻执行,根据裁判文书的记载,绝大多数的民间纠纷都经里老处断得到解决,而并未经由州县衙门。所以从严格意义上说,明代前期并不存在由官府制作并出具的判决书,裁判结果仅是呈现在由双方当事人和里老,有时也包括第三方的见证人所共同签署的文书中。

[2] [日]寺田浩明:《明清时期法秩序中"约"的性质》,载[日]寺田浩明:《权利与冤抑》,王亚新等译,清华大学出版社2012年版,第152页。

[3] 郑秦:《清代法律制度研究》,中国政法大学出版社2000年版,第154—155页。

族矛盾事关清代统治的稳定，尽量避免国家势力涉入民间事务，以此减少官民矛盾乃至民族矛盾产生的可能，力求在乡治体系内解决纠纷并弱化裁判的影响等考量，是导致国家对民事裁判采取放任态度的影响因素之一。其次，清代人口的急剧增长导致司法环境发生变化。清代是人口数量膨胀的时代，其中在18世纪人口更是出现飞跃性的增长。[1]但在人口增长的同时，基层司法单位数量却只是略微增长。[2]这就意味着基层官员与管辖人口比例的下降，意味着每个州县官员所需处理的诉讼量大幅增加。[3]面对这样的客观现实，适当地简化裁判程序就成为地方官的应对之策。而相对于直接关系地方治安与地方官政绩的刑事裁判，民事裁判自然属于优先被简化的对象。

（二）官制的变革

在清代统治者看来，官僚体系的败坏是导致明代灭亡的重要原因之一，所以清朝统治者在入关之初就开始改革官制，其中考课制度的改革以及裁革冗员的措施直接影响

---

[1] 根据何炳棣先生的研究，万历二十八年（1600年）中国人口已达1.5亿人，明末由于战争等导致人口一时减少，但从17世纪后半叶开始人口数量逐渐恢复，到了18世纪末已经达到3.13亿人（1794年），而人口增长的高峰出现在18世纪的中期，即乾隆的中前期。参见何炳棣：《明初以降人口及其相关问题1368—1953》，葛剑雄译，生活·读书·新知三联书店2000年版，第310—317页。

[2] 明末州县共1384个。参见［加］卜正民：《明代的社会与国家》，陈时龙译，商务印书馆2014年版，第28页。康熙年间为1528个，雍正年间为1425个，乾隆年间为1503个。参见瞿同祖：《清代地方政府》，法律出版社2003年版，第9页。

[3] 1755年，陈宏谋就曾经说服朝廷通过设立新县的方式来解决州县诉讼堆积如山的问题。参见［美］罗威廉：《救世——陈宏谋与十八世纪中国的精英意识》，陈乃宣、李兴华、胡玲等译，中国人民大学出版社2016年版，第447页。

到州县裁判。在新的考课制度中，捕获与处罚重罪犯，以及及时足额征税被视为主要考绩对象。[1]因此，并非主要考绩对象的民事裁判受到的重视程度势必有限。另外，在裁撤冗员的改革中，推官与巡按御史遭裁革，其直接导致对民事裁判监督的弱化。推官制度于康熙六年（1665年）被废止。[2]在明代，推官是设置在府一级的专职司法官，[3]并且是比较受重视的职官。[4]推官的主要工作是负责监督州县的司法，既包括日常监督又包括协助巡按御史监督。[5]

[1] 参见［美］魏斐德：《洪业：清朝开国史》，陈苏镇、薄小莹等译，新星出版社2017年版，第464—465页。此外，关于清代官员对民事案件与命盗重案的重视程度和投入的时间精力，也受到司法制度本身变化的影响。明清两代对于命盗重案都实行审转制度，但明代的审转制度究竟落实到何种程度，特别是地方官的判决文书被驳回改正后是否会被处分，目前尚不清楚。相较之下，清代的审转制度则成熟而严密，而居于审理机构末端的州县官则最是感到沉重压力。参见邱澎生：《当法律遇上经济——明清中国的商业法律》，浙江大学出版社2017年版，第133—138页。在严格的审转制度之下，清代地方官势必将更多的注意力投入在命盗重案中。

[2] 实际上早在入关之初，推官的必要性就已经受到质疑，认为其是"致民病"的冗员，应"尽行裁革"的声音就已经出现。参见［美］魏斐德：《洪业：清朝开国史》，陈苏镇、薄小莹等译，新星出版社2017年版，第463页。此外，推官遭裁革还可能与以下两方面因素有关：其一是府不再作为一级终审机关，而仅是司法程序中上行下达的一环，所以无须设专职司法官。其二是巡按御史制度的废止。协助御史监督地方司法本是推官的主要职责之一，巡按御史被废止造成推官部分职能的丧失。

[3] （明）吕坤：《实政录》卷一，明职，"同知通判推官之职"："府总州县之政，事务繁多，又设佐贰以分之。同知通判之职掌不同，大率清军捕盗水利盐法管粮管马。而推官则专理刑名者也。"见吕坤：《吕坤全集》，中华书局2008年版，第927—928页。

[4] 推官同知府一样，多为进士出身。而同知多为举人、监生出身，通判则更低。所以可见在府职官中，明代政府比较重视知府与推官的选任。参见阿风：《明代府的司法地位初探——以徽州诉讼文书为中心》，载中国政法大学古籍整理研究所编：《中国古代法律文献研究》（第八辑），社会科学文献出版社2014年版，第363页。

[5] 同上注，第359—374页。

推官被裁革后,其工作只能由其他辅佐官兼理,但兼任官员对法律知识和司法工作的熟悉程度以及经验,都难与推官比肩。[1]所以,推官的裁撤直接影响到对州县衙门的监督,无论是监督的频度还是专业程度都势必减弱。而从州县官员的角度来看,裁撤推官所导致的监督弱化则意味着他们将受到更少的约束,享有更多的自主权。以至于适当地简化裁判程序,适用更为便利的处理方式等成为可能。在这一背景下,基本不经由上级也无须复审的民事案件,自然是简化处理的首选对象。

在地方层面裁撤推官的同时,中央层面则废止了巡按御史制度。这一举措同样导致了对地方司法监督的弱化。中央定期派遣监察御史对地方行政和司法予以监督是明代的惯例。明代曾设置专门负责审查裁判文书的"刷卷御史"一职,其对监督地方司法起到过重要作用。[2]在明代诸多裁判文书中都留下了刷卷的痕迹。无论是文书上"照过"的字样,还是"巡按钤印"的印记,都是曾被御史查验的证明。[3]到了明代中后期,虽然不再派遣刷卷御史,但查验裁判文书的工作并未因此停止,而是转由巡按御史继续

---

[1] 吴艳红:《制度与明代推官的法律知识》,载《浙江大学学报(人文社会科学版)》,2015年第1期,第40—42页。
[2] 根据研究者的统计,在成化年间仅以京师衙门为限,刷卷御史在三年中照刷过的案件就达一万件以上。参见萧慧媛:《明代的刷卷御史》,载吴智和主编:《明史研究专刊》(第十四期),台湾明史研究小组2003年出版,第1—42页。
[3] 例如,名为"抄白告争东山刷过文卷一宗"的文书即为经过巡按直隶御史检查过的文书。在文书开头有"照过"二字,结尾处有"照过"以及"成化拾叁年肆月廿一日刷讫"字样。此外,每张被检查过的文书上都盖有巡按钤印。见中国第一历史档案馆、辽宁省档案馆编:《中国明朝档案总汇》(第一册),广西师范大学出版社2001年版,第38—52页。

负责。[1]

此外，明代后期巡按御史与巡抚的地方长官化倾向明显，由此导致监察官员与州县官形成事实上的统属关系。[2]这就意味着，巡按御史不再仅是定期地巡回州县，而是对州县实行常态化监督。但巡按御史制度于顺治十八年（1661）被废止，对州县衙门的监督工作基本上被转移至督抚。而作为总揽军政事务的督抚，其对州县衙门的监督水平难以达到专任御史的程度。[3]同理于裁革推官的影响，巡按御史制度废止同样导致了对州县司法监督的弱化，使民事裁判程序得以简化，文书整备程度和完整性的降低正是其表现之一。

（三）民事裁判制度的变化

明清两代对民事裁判适用范围的认识存在差异。清代民事裁判的边界相对比较清晰，处笞杖刑的案件基本被"下放"给州县判决并执行，徒刑以上属于复审案件，需逐级审转向上报告。对此学界已形成大致统一的认识，基本不存在争议。但对于明代民事裁判的范围，至今尚未形成一致认识，杖刑案件是否由州县裁决是争议的焦点。一种观点认为州县对处以杖八十以下的杖刑案件具有裁决

---

[1] 中国第一历史档案馆、辽宁省档案馆编：《中国明朝档案总汇》（第一册），广西师范大学出版社2001年版，第16—17页。

[2] [日]谷井阳子：《明代裁判機構の内部統制》，载梅原郁编：《前近代中国の刑罰》，京都大学人文科学研究所1996年版，第421页。

[3] 林乾：《巡按制度罢废与清代地方监察的缺失》，《国家行政学院学报》2015年第4期，第90—92页。

权。[1]换言之,属于州县自理的是笞刑和部分杖刑案件。另外一种观点则认为至少在成化朝之后,所有笞杖刑案件都属于州县民事裁判的范围。[2]从实际文书的情况来看,处杖刑(杖八十)案件中,除了上司批发案件,[3]皆在州县判决和执行。[4]此外,视杖刑案件为州县自理范围的观点亦常见于当时的官箴,如"徒罪以上方做招申详",杖刑则采用"比做招省力万倍"的简易文书等。[5]

在取得确定性的证明之前,综合上述内容,暂且只能推断杖刑案件具有在自理和上申之间的过渡性和特殊性,可以暂称之为"非完全的自理案件"。正因如此,杖刑案件存在与上级衙门的联系,所以有必要在文书上符合上申案件的标准,如前所述,杖刑案件采用与审理报告书相同标准的招由为判决书,或许可以作为一种例证。相较之下,

---

[1] 杨雪峯:《明代的审判制度》,台北黎明文化事业公司1978年版,第276—277页。该结论依据《明史刑法志》,"有司决狱,笞五十者,县决之。杖八十者,州决之。一百者,府决之。"

[2] [日]谷井阳子:《明律运用的统一过程》,载《东洋史研究》1999年58卷2号,第252页。

[3] 批发案件是指由上级机关受理后交由下级机关审理的案件。通常情况下,批发案件优先于民事案件审理。在批发案件中即便处杖刑以下的轻罪,也要向上级报告,州县无最终审结权。参见[日]谷井阳子:《明律运用的统一过程》,载《东洋史研究》1999年58卷2号,第253页。

[4] 现今所见明代诉讼文书中处杖刑的案件共七件,皆适用了"不应为而为事理重者杖八十,有大诰而减等至杖七十"条,并根据当事人条件有力与否,或纳赎或的决。皆在州县判决和执行。

[5] (明)蒋廷璧:《璞山蒋公政训》治体类,"清词状","其户婚田土斗殴等事,正该杖罪以下者,每人要他一样状三张,归一供词三张……比做招省力万倍"。见杨一凡主编:《历代珍稀司法文献》(第二册),社会科学文献出版社2012年版,第516页。"除上司批发词状外,其本衙门准行,除该徒罪以上者,方做招申详"。同书,第416页。

对于清代的州县官员而言，笞杖刑案件都在州县审结而无须经由上司，所以在文书上仅采用自理案件的标准即可，以至地方官在职权范围内还可以适当地简化裁判程序。

（四）"抄招给帖"制度的变化

明代裁判中常见的"抄招给帖"制度，在清代基本消失不见。这也是导致判决书不复存在、裁判程序得以简化的原因之一。在第四章中曾论及抄招给帖制度，其本质上是一种文书复制制度，即州县衙门依当事人申请，抄写制作判决书等文书的副本，通过帖文的形式交给当事人留存。[1] 目前尚无任何资料显示这是官府的义务，但也几乎不见拒绝抄招的记载。官府不厌其烦地为当事人制作文书副本的原因，可能在于抄招给帖本身是官府所提供的一项"付费服务"，或者说，当事人需支付一定费用才能获得文书副本。

借助诉讼费用的角度可以更好地理解抄招给帖制度。明代的诉讼费被统称为"纸银"，其本意为当事人需为诉讼中所使用的纸张付费。[2] 既然如此，为制作裁判文书副本

---

[1] 以"抄招"为名，顾名思义抄出最多的文书应该是招由，毫无疑问对于胜诉方来说，留存可以证明其利益的判决文书最为必要。通过抄招给帖留存下来的裁判文书中，只有判决书一件文书的案件数量众多，但有的案件中也包括了从词状到招由几乎所有的文书。究其原因，可能是与费用有关。抄出的文书越多，用纸就越多，费用自然就越高。所以，对于经济能力有限的当事人来说，最为实际的做法就是抄出最重要的判决书。

[2] 虽以纸为名，最终仍折算为银钱，"告纸银 × 钱 × 分"是明代判决书中常见的诉讼费用的表述方式。选择以纸为媒介的良苦用心，意在说明诉讼本身并不收费，父母官不会向申冤的百姓收费，但裁判存在制作文书需要使用纸张这样的成本费，所以向当事人收缴的仅是必要的"工本费"而已。

所使用的纸张支付"纸银"也是理所应当。不难想象，长期处于行政经费拮据状态的州县衙门一般不会拒绝这样一项收入来源。抄招给帖制度的存在，意味着地方衙门必须准备好随时可供抄出的文书，所以在审理结束后制作内容形式完备、规范统一的判决书，就发展成为裁判中不可缺少的一个环节。

抄招给帖在明代具有一定的普遍性，但到了清代却几乎消失不见。[1] 从中央司法机构刑部对抄写判语副本给当事人的否定态度来判断，大体上在乾隆朝以后，地方衙门不再提供抄招的"服务"。

乾隆二年（1737年），广东按察使在上奏中提到：

> 请嗣后州县官自理词讼务遵定例，依限完结审定之后，必将本案情事委曲，审拟轻重，立为判语，缮写清楚，印给原被告各一纸外，纸附卷于离任时造册，交代接任官查明存案。如有苟且完结，不立谳语，至今审结之案或赴上司控告，提卷查阅，只有原词口供不成审案者，即刑。揭参照才力不及例议处。[2]

从其中称将民事案件的判语复制给当事人为"定例"可知，至少在此乾隆初期以前抄招给帖可能仍普遍存在。对该上奏，刑部的答复如下：

> 州县自理词讼俱立审单存卷，原被告已各有柄

---

[1] 现今所见明代裁判文书多是被抄出的文书副本，某种程度上正是受益于抄招给帖，今天才可得见这些文书。

[2] 乾隆上谕（乾隆二年，刑部）。见《乾隆上谕条例》，江苏布政使司衙门刊行。

据，何须分执判语一纸，且审单内自载有判语，即有事后告理之人，上司各官可以提查审单，情弊立见。〔1〕

复制判语给当事人的必要性被直接否定，从中央司法机构刑部的态度不难推知。在此之后，抄招给帖制度被弃用将是必然之势。该结论亦可通过其他史料得到佐证。咸丰时期的官箴《平平言》曾提到，"断案之后两造向承行书办抄录堂谕，往往任意需索……不妨将堂谕抄录盖印，给两造收执，但须防家丁索钱耳。"根据该记载，若当事人想要取得堂谕，只能通过贿赂书吏抄取。由此可见，在当时已经不存在抄招给帖的定例了。〔2〕

抄招给帖制度的取消，意味着不必为应对抄招的需要而准备形式上独立的判决书。民事裁判的一个环节就此被简化。而如前所述，独立判决书的消失正是始于乾隆时期。从其根源而言，根据刑部的立场，不得不说这种简化是国家主动选择的结果。

〔1〕 乾隆上谕（乾隆二年，刑部）。见《乾隆上谕条例》，江苏布政使司衙门刊行。
〔2〕 （清）方大湜：《平平言》（卷四），"判语需列榜"。见《官箴书集成》（第七册），黄山书社1997年版，第698页。